Anomia. Rebeldes valencianos en 1970

Debats 40

Anomia. Rebeldes valencianos en 1970

ABELARDO MUÑOZ

València, 2024

Edición compuesta con letra Geller Text, el interior se ha impreso sobre papel offset crudo de 90 g/m² y las cubiertas sobre cartulina Marcate Cottage Ivory de 320 g/m²

ISBN. 978-84-1156-047-4
DL: V-1935-2024

Diseño de la cubierta: Eugenio Simó
Maquetación: Quinto A Estudio Gráfico

Impresión: Gráficas Marí Montañana

Índice

La objeción, la travesura, la desconfianza jovial, el gusto por la burla, son los indicios de salud: todo lo incondicional pertenece a la patología.

FRIEDRICH NIETZSCHE, *Más allá del bien y del mal*

Anem a ocupar-nos [...] de determinats individus de certs sectors de població o localitzacions urbanes, els quals constitueixen el fenomen psico-social de la desviació i també de l'*anomia*. No cal dir que vam verificar també les constatacions necessàries, sobre de quina manera tals conductes de desviació, pròpies de joves inadaptats, delinqüents o llibertins, s'han manifestat al País Valencià.

SALVADOR SALCEDO, *Integrats, rebels i marginats: Subcultures jovenívoles al País Valencià*

Anomia:
· Estado de desorganización social o aislamiento del individuo como consecuencia de la falta o la incongruencia de las normas sociales (*Oxford Languages*).
· Ausencia de ley (*Diccionario de la lengua española* de la RAE).

Prólogo

El escritorio es un escenario para una representación. Sus objetos se disponen de forma en ocasiones caótica, y a menudo, como en una partida de ajedrez, cambian de lugar. El escritor se dispone a colocar a sus personajes en el lugar adecuado; se sienta frente al ordenador, que reposa encendido y expectante sobre la superficie de madera que fue de su abuelo, y se acaricia la barbilla pensando en cómo iniciar la historia.

La mesa es la clásica rectangular de rebordes y patas taraceados con una abertura en el medio para meter las piernas, un cajón en el centro y dos a cada lado. Es de pino con filigranas en los bordes, cerraduras de latón dorado con sílfides y faunos estampados, y una lámpara de mesa con pantalla que ilumina los objetos con una luz verdosa, como de hojas de yerba. Un estilo a lo Chippendale. En un extremo, una pila de carpetas; frente a la pared, vasijas de barro compradas en diversos lugares africanos. Contienen todo lo necesario para poner sobre el papel en blanco el pensamiento: lápices bien afilados, bolígrafos, una lupa, una navaja, plumas estilográficas...

Piensa el escritor que no es tan fiero el león como lo pintan; el asunto consiste en recordar. Reunir en una gavilla, como un manojo de trigo, los hechos, las cosas más interesantes que pasaron hace cincuenta años. Cuando el escritor era un veinteañero. Los recuerdos son peligrosos. Como las drogas, pueden enganchar y sumir en una incurable melancolía. Pero no es el caso. Aquí la memoria sigue viva porque en realidad poco ha cambiado en la actitud del que escribe.

El escritor septuagenario sigue siendo el mismo zascandil de siempre. Y esas aventuras merecen ser contadas.

Y el escritor recuerda lo escrito por Galdós al iniciar una de sus novelas:

¡Maravillosa superchería de la imaginación! Como quien repasa hojas hace tiempo dobladas de un libro que se leyó, así miro con curiosidad y asombro los años que fueron; y mientras dura el embeleso de esa contemplación, parece que un genio amigo viene y me quita de encima la pesadumbre de los años [...]. Parece que en mi cerebro entra de improviso una gran luz que ilumina y da forma a mil ignorados prodigios, como la antorcha del viajero que, esclareciendo la obscura cueva, da a conocer las maravillas de la geología tan de repente, que parece que las crea. Y al mismo tiempo mi corazón, muerto por las grandes sensaciones, se levanta, Lázaro llamado por voz divina, y se me sacude en el pecho, causándome a la vez dolor y alegría.

Soy joven; el tiempo no ha pasado; tengo frente a mí los principales hechos de mi mocedad; estrecho la mano de antiguos amigos; en mi ánimo se reproducen las emociones dulces o terribles de la juventud, el ardor del triunfo, el pesar de la derrota, las grandes alegrías, así como las grandes penas, asociadas en los recuerdos como lo están en la vida.

Frente a la pared del escritorio, pegadas con chinchetas, varias ilustraciones recortadas de revistas. Una postal de Kandinski en su época figurativa, comprada en el Museo de Orsay de París hace años (es un retrato de una mujer musulmana, un estallido de colores); *El funámbulo*, una de las mejores pinturas de Paul Klee; en un marco rectangular, cubierto con cristal, una litografía del cuadro *La música* de Matisse; dos damas en un jardín, una de ellas con una guitarra española en el regazo, con manos femeninas casi monstruosas que inspiraron a Picasso. La foto de unas montañas del valle del Draa, en Marruecos. Una imagen en colores sepia de las hermosas madonas de Leonardo. Preciosas mujeres cuidando a rollizos niños. Son los apuntes de Da Vinci; también hay una reproducción en suaves tonos siena de su famoso autorretrato. La lúcida y luminosa gravedad de la vejez. La pura representación del escepticismo: quien añade ciencia, añade dolor; el gran italiano en tiempos de su ocaso irremediable, al borde de la eternidad. Ese dibujo inspira al escritor. Le hace escapar del temor a la muerte. Evocaciones de un pasado que se aleja.

Las que siguen son historias de veterano que no se pueden contar de manera lineal, cronológica, porque describen un escenario de emociones, secuencias de un mundo lejano que es la base del actual. Un relato desigual de utopías y ansiedades frustradas, de logros y derrotas. Resuelve el escritor una combinación de géneros que incluye el relato de memoria y la novela, secuencias que quieren montarse como en una película.

La mayoría de las cosas interesantes que sucedieron entonces quedaron eclipsadas por la historia de la Transición tras la muerte del dictador. Lo interesante viene antes; desde el 1968, pongamos de manera arbitraria. El año que abrieron Capsa 13 en el barrio del Carmen. Cuando salió a la venta el vinilo *Sticky Fingers* de los Rolling Stones, en 1971, con una bragueta diseñada por Andy Warhol que la censura fascista suprimió.

Historias clandestinas, cuando la ciudad de Valencia era un proyecto de futuro y vivía aplastada por un pasado de represión, miedo y olvido. Pagando aún las consecuencias de ser la última gran *ciudad roja* ocupada por las tropas franquistas del general Aranda que bajaron de Teruel.

La crónica de los destellos de lucidez que se abrieron paso entre la mugre de la dictadura. Como esmeraldas brillando en un charco de brea, las movidas de los años setenta son el chico malo de la película. Es casi innecesario decir que la lucha de aquellos años de la gente, su resistencia y tenacidad para abrir una nueva sociedad, no solo fue política, sino también sentimental. Un cuento de ángeles caídos, o demonios, como en una ilustración de William Blake.

El escritor es un viejo roquero, para qué negarlo, como todos entonces. Un antisistema que tenía una cultura transgresora que aportar. Pero como si se tratara de la mili, la mayoría tuvo que enrolarse en el antifranquismo y la clandestinidad de los partidos; un imperativo histórico. Pasado de padres a hijos. En los años setenta, la memoria no tenía sentido; la realidad asfixiante era la clave. La memoria estaba incrustada en el ADN de los chicos melenudos, pero nadie hablaba de la muerte, sino de la vida y la libertad que esperaban a la vuelta de la esquina. Y los setenta son un tiempo que combina a la perfección dos disidencias: la lucha política contra una dictadura y el sexo, las drogas y el *rock and roll*. Los chicos empujaban, vaya que sí. Y estaban hartos de susurros. La calle seguía patrullada por los lobos fascistas, pero los domicilios privados y ciertos espacios urbanos, como los parques, eran otro cantar.

¡Oh, qué tiempos! Evocarlos es como impregnarse con un perfume divino. Ponerse a escribir. Sentir flotar en el aire esa atmósfera prohibida, la necesidad de recordar para entender así lo que sucede ahora.

En esta historia, muchos se han quedado en el camino. En algunos casos, el narrador ha visto desaparecer a las más relevantes mentes de su generación, parafraseando a Allen Ginsberg y su poema *Aullido*; pérdidas irreparables. Seres triturados por la perversa lógica de los tiempos. Un tiempo en el que jugar estaba prohibido. Y jugar era hacer el amor libre, ser ambiguo de género, vestir de tal o cual manera, fumarse un porro.

La edad de la inocencia pasó a otro lugar siniestro cuando los marines de la guerra de Vietnam trajeron la heroína desde el Lejano Oriente. La escondían en los ataúdes metálicos de sus muertos repatriados. La inocencia era la marihuana, el kif marroquí, las anfetaminas que se utilizaban para los exámenes. Y la heroína cruzó el Atlántico y le vino de perillas a un sistema que se estaba recomponiendo con injusticias y acuerdos secretos que comprometían la libertad de todos y su derecho a opinar.

Los mandamases de los partidos hasta ese momento ilegales agarraron las riendas del cambio a mitad de los setenta, los medios, los ministerios. Y la cultura se la arrebataron a los chicos del 68; bajo las piedras no había más que otras piedras, las del pragmatismo político.

«Yo vivo en el desasosiego y me sosiego escribiendo», escribe Saramago. El que esto inicia habita en la inquietud del recuerdo, la memoria sesgada por lo que pudo ser y no fue. Y el escritor lo es porque sigue una suerte de herencia doméstica. Recuerda observar a su padre inclinado sobre este mismo escritorio de pino, escribiendo a lápiz cosas que sabía que no podría publicar. Iluminada su calva por el flexo de latón. El escritor lo veía de niño y sabía que su padre ponía el alma en ello. Un hombre sencillo que cruzó el Ebro como los demás soldados cuando la guerra se perdió; que relataba tenaz lo que la realidad escondía. Desbrozando en cuartillas manuscritas la verdad frente a la falsificación. Pionero anónimo del pensamiento crítico. Intentando iluminar la habitación pringada por la capa de mierda del fascismo.

Lo que escribía era lo de menos. Lo que fascinaba al niño era ese perfil de pensador, de filósofo, ejerciendo el más civilizado de los oficios, el de escribir. Así que de mayor se hizo periodista y ahora, tras décadas interminables de trabajo, miles de páginas escritas para los periódicos, columnas, reportajes, crónicas, críticas, llega la hora de la verdad.

Frente al papel en blanco, le entra un pánico muy semejante al que debe sentir el torero ante el morlaco en la plaza, bajo la mirada del respetable.

Ese escritor soy yo, que en esta historia se llamará Julián. Y que tratará de recuperar lo que el tiempo esconde bajo las piedras. Bajo esas piedras no está la playa; están la vida y los avatares de una generación heterodoxa, rebelde y rotundamente utópica que, a fin de cuentas, perdió la partida.

I

Tiempos grises

1

¡Toc, toc!

—¡Abran inmediatamente, policía!

En el interior de la habitación alquilada para fiestas, no más espacioso que un vagón de tranvía, se quedaron de piedra, como estatuas, en la misma posición en que Lot se hizo escultura de sal en la mitología judía. Los chicos y las chicas estaban de fiesta. Habían alquilado el cuarto minúsculo en un callejón, un *cul-de-sac*, de la calle Blanquerías, muy cerca de las torres de Serranos. Lo usaban para sus juergas privadas.

La ley llamaba a la puerta del local y ellos, horror, estaban en pelota picada. Oficiaban lo que llamaban una orgía, bastante ingenua, bien es verdad, porque había poco sexo. Eran jóvenes bachilleres de instituto. Las paredes estaban decoradas con carteles de sus grupos de *rock* favoritos; en una esquina miraba un Jimi Hendrix de ojos vidriosos, en colores, tocado con un sombrero de copa; en otra había una foto de los Beatles, y otra de los Kinks. Una enorme hoz con un martillo, sacados de la revista *Triunfo*, lucían en el fondo de un ventanuco tapiado de la pared.

Les dio justo tiempo a tapar el póster clandestino en el mismo momento en que la Paqui abrió la puerta e irrumpieron los polis: dos tipos de paisano, con el consiguiente bigotito facha, traje barato de color gris y jeta gris, flanqueados por dos policías uniformados de tosco paño gris, a los que todo el mundo llamaba grises. La irrupción provocó tal pánico entre los jóvenes que a aquella pandilla, frente al gris dominante que acababa de entrar, se le hizo todo negro.

Julián estaba sobre el colchón magreándose con su novia Marieta, y justo en ese instante, y para incrementar el pánico, acababa de eyacular en sus calzoncillos tras la manola que su novia le hacía. Y como colofón de una escena de los hermanos Marx, Frankie iba vestido de mujer. Se había travestido con la ropa de su chica. Lucía la falda plisada de las alumnas del Domus y la blusa blanca de las niñas bien, ante el estupor de los polis. Botellas de Marie Brizard, mistela de garrafón y coñac Terry, sobre una mesa. Así fabricaban *barrejat*. Por fortuna, no había drogas ilegales. Todavía no era el tiempo de los porros. Y los polizontes no descubrieron el símbolo comunista.

—Mirad a ese —dijo con cara de asco el poli de la cara gris señalando a Frankie, que no sabía dónde meterse.

Los vecinos del callejón habían llamado a la policía porque la pandilla tenía puesto el disco *Aftermath* de los Rolling Stones a toda pastilla en un *pick-up* de plástico rosa y tamaño enano que hacía furor en la época. El gurú de la fiesta, y el de más edad, era Rony, un venezolano golfo que se apuntaba a todas. En total eran seis, contando a las dos chicas. Frankie, Rony, Agustín, Marieta, Paqui y Julián. Los fueron sacando a todos y metiendo en un furgón de la policía armada que también era de color gris.

Por entonces todo era gris en aquel país de los dientes afilados. Gris la política, la cultura, las calles, la televisión en blanco y negro (que era más gris todavía). Y la mayoría de la gente, pálida, grisácea, harta de décadas de dictadura franquista. «Veinticinco años de paz... ciencia» era el chiste que se puso de moda desde la farsa de la propaganda de 1962.

Y la poli aquella era lo peor que te podía ocurrir. Entre los lloros de la Paqui y las protestas en voz baja de Rony los trasladaron a todos a la comisaría central de la Policía en la Gran Vía de Fernando el Católico. Los chicos y las chicas estaban cagados de miedo. En realidad poco tenían que temer, pues todos eran menores de edad. Aquella desdichada tarde de redada era el segundo domingo de la primavera de 1966. La suerte que tuvo la pandilla es que en esos tiempos a la policía le interesaba más perseguir a la oposición política comunista que a jóvenes ruidosos.

No era la fiesta de Blanquerías la única que protagonizó el grupo. En el domicilio de los chavales se organizaban follones similares los fines de semana, cuando los padres de algunos se iban al chalet. Sobre todo en casa de Manolito. Su padre, abogado, viudo, desaparecía por largas temporadas, y entonces los chicos se montaban su orgía privada. Alfombraban una habitación con los colchones de las camas; ponían una luz roja de cabaret que propiciara la penumbra y música *rock* recién comprada por los hermanos mayores. En la cálida oscuridad, la cosa no pasaba del magreo y el achuchón. Las chicas no se quitaban la ropa.

Los tiempos son difíciles. La propaganda del régimen se extendía como una medusa pegajosa por todos los medios de comunicación, amordazados por las mentiras de obligada difusión. Pero lo que el régimen fascista no podía evitar era que la modernidad y las tendencias de vanguardia europeas se colaran por las rendijas de la cesta de acero en apariencia impermeable. De manera que los hijos de los vencedores y de los vencidos encontraban acceso a las corrientes de libertad cultural. La enseñanza laica era minoritaria, pero en los grandes colegios religiosos a los que iban los chicos y chicas bien se fraguaba tanta disidencia como entre los vástagos de los republicanos silenciados. En el segundo lustro de los años sesenta la fiesta musical que venía de Londres despegaba con fuerza. Los Stones editaban sus discos, al igual que los Beatles, y Jimi Hendrix, los Kinks, los Troggs y los Doors. Eran ritmos que mezclados con la ginebra producían milagros de placer. Ellos se sentían así subversivos, disidentes de la grisura ambiente. Rechazaban integrarse en los guateques, fiestas de jóvenes más inocentes en las que se pinchaban en los primeros *pick-ups* de plástico, hoy reliquias *vintage* tan codiciadas, las canciones románticas francesas e italianas del momento, como «Mis manos en tu cintura», de Adamo, o «El baúl de los recuerdos», de Karina. Cosas así. En esas fiestas nadie se tiraba en los colchones. Se bailaba en el comedor de la casa familiar y se bebía poco. La única picardía permitida se daba cuando alguien apagaba la luz del comedor y las chicas se ponían a dar grititos mientras los chicos aprovechaban la oscuridad momentánea para meter mano. Si los chicos de los colchones eran los apocalípticos, los de los guateques podrían ser los integrados, aunque nadie hubiese leído todavía a Umberto Eco y su legendario libro. Los buenos libros, prohibidos, también podían conseguirse en las trastiendas de las librerías. Las editoriales sudamericanas, sobre todo argentinas y mexicanas, como Losada, estaban al alcance de quien quisiera buscar. Eran otro placer añadido la búsqueda de los libros silenciados y su intercambio entre los jóvenes que sentían aquel tráfico cultural clandestino como un acicate más en su resistencia a la sociedad opresiva y ramplona.

Pasaría aún mucho tiempo para que entraran en juego la marihuana, las anfetaminas o las drogas sicodélicas. El país andaba muy retrasado respecto al resto de Europa, y no digamos EE. UU. Todo llegaba dos o tres años después de que sucediera en el mundo occidental, desde las películas de Hollywood hasta los libros y discos. En Valencia se iba con retraso. La ciudad estaba en la edad de la inocencia. Y sin embargo, los jóvenes empezaban a organizar sus orgías de juguete.

Aquellos rebeldes sí que tenían causa, y no política, sino emocional. El existencialismo de Sartre asomaba por la esquina. *La náusea* hacía estragos entre los adolescentes, al igual que *El lobo estepario*, de Hermann Hesse. Estos libros formaron el escepticismo y la rebelión de los jóvenes que los leían. Algo tenían que hacer los chicos y las chicas para pasarlo bien. Si al principio de la edad inocente los encuentros se hacían en los parques o en las casas particulares, ese movimiento juvenil fue derivando hacia los locales con música, que cada vez se abrían más.

Una suerte de *American Graffiti* a la española y el tótem de esos lugares era la *jukebox* o sinfonola, la máquina automática de monedas que ponía discos de 45 revoluciones con los éxitos del momento. Era fascinante colocar un duro en la ranura de aquella máquina robot y observar cómo un brazo mecánico seleccionaba el disco con su canción y la música comenzaba a sonar. Fue en la calle de la Tertulia, en las inmediaciones de la vieja universidad de la Nau, donde aparecieron los dos primeros locales que ofrecían una alternativa a los típicos bares de vinos de la estudiantina y a las odiadas tunas de charanga y pandereta, agrupaciones de jóvenes apolíticos que se vestían con ropajes propios de las universidades históricas, y que con bandurrias y pande-retas se dedicaban a hacer el indio y viajar con su tabarra por el extranjero. Los chicos de la tuna representaban, sin mujeres en sus filas, la otra cara de la universidad. Los estudiantes conformistas, juerguistas, que daban la espalda a la creciente rebelión en las aulas de la España de los años sesenta.

Las radios programaban inanidad y el muermo de la cultura oficial, canciones rumberas y el flamenco folclórico de la España cañí, cantautores románticos y cómplices (como Raphael, el hombre que hacía reverencias ante la Collares, como era conocida la esposa del dictador), junto a los seriales reaccionarios, dominantes antes de que la gente tuviera televisión. Guiones que promocionaban la sumisión de la mujer y demonizaban todo lo que fuera nuevo. Frente a toda esa riada de basura franquista, elaborada por una legión nada desdeñable de periodistas falangistas, adictos al poder y serviles, los alternativos se dedicaron a copiar a conciencia lo que venía de fuera. Europa dejó de acabarse en los Pirineos porque a través de la música, sobre todo el *soul* y el *rock and roll* primitivo, se vislumbraba una forma de ser diferente. No se trataba de *épater le bourgeois*, sino de fastidiarlo, molestarlo. En ocasiones Frankie, Prome y Julián se dedicaban a perseguir a los curas que veían por la calle. Les gustaba, en sus correrías vespertinas, ponerse cada uno camisas de color que formaban la bandera de la Segunda República. Rojo, amarillo, violeta.

Y ellos se iniciaron en copiarlo todo. Los más plagiados fueron los Beatles. Todo el mundo llevaba sus flequillos, sus pantalones acampanados y, sobre todo, los botines, que se pusieron de moda enseguida. La forma de vestir era una rebeldía en sí misma. Y a nadie se le ocurría ponerse un polo, sino camisas abiertas de flores y *jeans* que por entonces eran prohibitivos. Los Levi's auténticos eran para los chicos con papás adinerados. El resto se conformaba con la marca Lois, que era valenciana.

Años después, Francis Montesinos los vendía en la mercería que tenía su familia en el Tossal del Carme, junto a camisas de lino y zamarras y abalorios importados de la India. Esencias orientales. Era aún difícil de barruntar que Francis se haría famoso como modisto años después. Por el momento, lo suyo era vender esas cosas a los modernos y organizar fiestas nocturnas de asegurada diversión. Fiestas muy *cool*. En donde los gais estaban de moda y su transgresor aspecto atraía como la miel a numerosos jóvenes con ganas de fastidiar la moral dominante.

Una especie de Studio 54 neoyorquino, de Warhol y los demás, a la valenciana. Las fiestas privadas de Francis se hicieron legendarias. El exceso y el culto al erotismo sin mojigaterías eran los reyes de la noche. Un respiro, tras años de sequía y curas y militares, más que normal. Montesinos, al igual que otros artistas valencianos, fue pionero de una modernidad que inundó la ciudad, pese a que la fama se la llevarían Madrid y su movida, como siempre, gracias al consuetudinario centralismo de la piel de toro.

Y los bares de los alrededores de la Universidad se comenzaron a poblar con melenudos y chicas con cintas en los pelos y faldas largas y floreadas hasta los tobillos. Y el pachuli. ¡Oh, el pachuli!, un perfume que marca esos años finales de la década de los sesenta.

Fue entonces cuando el Parterre, el parque ubicado en las cercanías de la Glorieta, se convirtió en el escenario privilegiado de todos ellos. Mucho antes de que se construyera El Corte Inglés. La peña combatía el tedio de la enseñanza media en los dos únicos institutos de la ciudad. El Luis Vives de la calle Játiva para los chicos, el San Vicente Ferrer de la calle Almirante Cadarso para las chicas. En ambos se gestaba una revolución mental, porque la mayoría de sus estudiantes eran hijos de la *intelligentsia* republicana derrotada, y muchos profesores también; mandaban los fascistas, pero los republicanos estaban por todas partes, no habían acabado con todos. De manera que la verdad y las emociones estaban fuera de sus aulas. En la calle, mucho más difícil de controlar.

La aventura *beatnik* crepitaba en La Tortilla, un bar destartalado ubicado en un bajo de la calle de la Tertulia, cerca de la Universidad de la Nau, a cuatro pasos del parque del Parterre, donde se yergue poderosa la estatua ecuestre de Jaume I (el conquistador de la ciudad), sombreada por un magnolio centenario que fue por aquellos tiempos escenario de transgresiones. El lugar fue propicio porque bajo el ficus se daban la mano los primeros viajeros jipis de la ciudad. En aquel parque envuelto en sombras por la deficiente iluminación, los muchachos y muchachas se besuqueaban. Al anochecer, cuando cerraban los garitos de la calle de la Tertulia, el ficus gigante, junto a una gasolinera, permitía a quien se escondía entre sus raíces, tentáculos de gigante que levantaban las aceras, liarse sus porros clandestinos; algunos se encaramaban como monos a las partes más altas. Aquel árbol permanece como una mansión metafísica y alucinante, un refugio de amores y confidencias, de ensueños entre sombras chinescas en el ocaso de los tristes días del franquismo. Todo empezó de alguna manera en aquel parque mágico, alejado de la mirada fiscalizadora de los adultos.

Los primeros *beats*, precursores de los jipis, venían de todos los sitios y lugares, desde Katmandú y la India hasta Ibiza, y uno de los casos más notorios fue el del Peque, que se quedó varado entre dos fronteras durante un día entero por problemas de pasaporte. Por aquel parque zascandileaban todos aquellos que se sentían diferentes.

El Parterre (el Parque, como lo llamaban sus asiduos) llegó a ser una estación términus de la modernidad, y en las buhardillas de las fincas antiguas instalaban sus estudios pintores y poetas. El que llegaba a Valencia y quería saber lo que se cocía tenía que pasar por allí. Al anochecer, los bachilleres inauguraban los primeros botellones. La cultura del colocón se abría camino poco a poco. Se compraban en las farmacias pastillas para adelgazar que, mezcladas con alcohol, provocaban empatía y locuacidad. El farmacéutico Josi, en su botica de la calle de la Paz, vendía sin problemas a los muchachos el Torinal y el Bustaid. Este último fármaco era tan amargo que se tomaba con leche condensada para endulzar. La siguiente estación consistía en viajar en el autobús que paraba en la Glorieta con destino al bosque del Saler, jungla deliciosa junto al mar donde las pandillas podían refocilarse a placer, pese a la vigilancia y a los mirones que pululaban en busca de carnaza joven, y a los que había que evitar a toda costa. Lo clásico era llevarse la priva y, una vez ciegos de alcohol y pastillas, hacer el cafre por entre los pinos. Se puso de moda ese cóctel de pastillas que se vendían en las farmacias sin receta mezcladas con alcohol. El resultado era explosivo. Los muchachos saltaban entre las frondas sin miedo a ser molestados.

El cristal y el éxtasis pertenecían a la ciencia ficción; tendría que cambiar el siglo para que las nuevas drogas químicas ocuparan el lugar que les correspondía. La ironía era que, en el mismo parque del Parterre, se alzaba un edificio construido a principios de siglo que albergaba nada menos que la sede del Tribunal Tutelar de Menores. Un tribunal que tutelaba bien poco, pues a su alrededor crecía la subversión como golondrinas en primavera.

En aquel rosario de bares que rodeaban la Universidad se fumaba el primer cannabis. La Tasca, también en la calle de la Tertulia, disponía de una *jukebox* donde se escuchaba a los Creedence Clearwater Revival, a Otis Redding, a los Rolling Stones, «A Whiter Shade of Pale» de Procol Harum y «Monday, Monday» de The Mamas and the Papas.

Miguel vendía el cannabis a veinte duros, dentro de cajitas de cerillas, *mistos* de cera que se fabricaban en Valencia. El kif, la maría, la yerba, la *mierda*, el costo; las hojas de la planta que fumaban los ancianos rifeños al otro lado del Estrecho mezcladas con taba, una especie de tabaco en polvo. Pasaría algún tiempo hasta que los más audaces comenzaran a comercializar las barritas de hachís cero-cero, a mil pesetas. Eso era calidad máxima y fue el principio del imparable reinado del *chocolate* como droga recreativa dominante. El alcaloide THC entraba en los corazones y las cabezas de la nueva generación.

Fue entonces cuando el Parque y sus cercanías se agitaron ante la redada que hizo el comisario López, de la Secreta, en el bar contiguo a La Tortilla, La Tasca, donde se encontraron varias pastillas de drogas en la cisterna del lavabo de señoras.

Cerca de allí, en Los Gestalguinos, en pleno barrio de la Xerea, la vieja judería valenciana (hoy abandonado a su suerte, entre ruinas), los adolescentes se pasan los libros de Henry Miller, *Sexus*, *Plexus* y *Nexus*, prohibidos por el sistema. Miller y Brian Jones se hermanaban en veneración. Y también *Cien años de soledad*. Años atrás, el disco *Out of Our*

Heads, de los Stones, había formado parte de la nueva filosofía de los corazones solitarios.

El pijerío jipi tenía su recorrido vespertino por la calle de la Paz; eran los que podían permitirse largarse a Ibiza a ver cómo se lo hacían los británicos y otras tribus más avanzadas. En las islas, la dictadura aflojaba la mano, por el turismo.

La calle de la Paz era el Carnaby Street valenciano. Paseaban por ella los hermanos Telda, músicos que vestían exactamente como los Beatles, con el traje blanco de Abbey Road. Y también Andy y otros más mayores, chicos y chicas muy chics que habían estado en Ibiza y dejaban un halo de magia a su paso, como dioses de la movida, intocables, rumbosos y soberbios, que se sabían observados porque eran diferentes.

2

Julián era adicto al Parque. Salía de la adolescencia, iniciaba su educación sentimental. Cuando encontraba a su pandilla, se iluminaba su cara enjuta y morena. Al ver a su novia se rastrillaba la melena con los dedos, como si fuera a tomar una decisión o ceder a un impulso. Ella era una chica de pelo negro y ojazos atigrados. Los siete días de la semana se veía llegar a la pandilla de Julián a su cita en el Parque desde lugares diferentes, al atardecer, como conjurados. Siempre ocupaban el mismo extremo, frente a la calle de la Nau, muy cerca de la bodega.

Julián huía del poder familiar y contaba con la ventaja de ser el primogénito de tres hermanos. La disciplina paterna se cebaba en los más pequeños, y a él le dejaban suelto. Venía de un mundo de libros y música; su padre, que no quiso terminar la carrera, decía que después de tres años de guerra y otros tres de mili obligada, no le quedaron fuerzas. Como una pesadilla.

Contaba con humorismo que, después de tres años de guerra, regresó de madrugada tras-sur-Mer, muy cerca de donde murió Antonio Machado; y cuando llamó a las puertas de su casa, en un chaflán de la Gran Vía del Marqués del Turia, su padre le pegó una bofetada como recibimiento, mientras le espetaba:

—*¿Això són hores de vindre?*

Encontró trabajo en una oficina. Pasaba desapercibido, pero su casa era un foro de subversión política y estética. Su padre había hecho la guerra con los voluntarios de la Escuela de San Carlos y todos sus amigos eran artistas. En las tardes de invierno, Julián observaba desde la oscuridad a los visitantes de la biblioteca, que fumaban puros habanos y bebían café y copas de coñac.

En los años sesenta, su madre puso una especie de pensión informal en la gran casa de la Gran Vía de las Germanías. Al principio, a todos les pareció un poco humillante tener realquilados, pero habida cuenta de lo que vino después, el asunto tuvo sus ventajas. Julián y sus hermanos tuvieron ocasión de convivir con unos personajes dignos de una novela de Galdós o Baroja. Con un mundo exterior grisáceo y un tanto prosaico donde lo más interesante que se podía hacer era ir al cine a las sesiones de tres películas (una de romanos), el domicilio familiar se convirtió en una caja de sorpresas poblada por gente desconocida, y cada día era una pieza teatral con actores invitados.

La mayoría eran estudiantes y opositores que se pasaban allí pequeñas temporadas y luego desaparecían. También había enigmáticas mujeres de paso que nos parecían aventureras de películas de espías. Hubo turistas francesas que tendían su ropa interior, muy *sexy*, y escandalizaban a los vecinos; también un opositor que era la viva imagen de un falangista de almanaque, y a quien en una ocasión los niños sorprendieron en su cuarto rezando arrodillado sobre el piso y con los brazos abiertos. Los realquilados comían con la familia, y su padre, don Héctor, oficiaba en la mesa como si aquello fuera una reunión de amigos. O como si fuera una divertida novela de Baroja de realquilados. Años después comprendió Julián que el viejo hacía de la necesidad virtud y aguantaba aquel asunto con jovial estoicismo. Su padre aprovechaba las comidas para hacer proselitismo republicano entre los realquilados. Por fortuna, ninguno se fue de la lengua. La calle, como ya se dijo, estaba poblada por los lobos fascistas.

Los niños se espabilaron mucho con todo aquello. La presencia de los pensionistas y su deambular por la casa era como ver materializados los personajes de sus lecturas y cinéticas sensaciones. Cada visitante era un mundo; se trataba de hombres y mujeres solitarios que intentaban sobrevivir en un país misérrimo que salía a duras penas de lo peor.

Guardaba especial recuerdo de un hombre al que llamaban Caballero, un marchante de antigüedades, profesional del rastro. Era un perseguido político; fue capitán de una unidad republicana en Belchite, y ahora andaba escaqueado con otro nombre. Convirtió su habitación en una maravillosa tienda de sorpresas y cachivaches. Tenía unos cincuenta años, era elegante y cordial, nunca hablaba de política. Los niños entraban en su habitación, fascinados por los cuadros antiguos, los objetos variados que Caballero trasegaba para exponer en el rastro: jarrones chinos, dagas y espadones, libros viejos, monedas antiguas y máscaras. En fechas señaladas, Caballero les regalaba billetes de cinco pesetas, nuevos, recién salidos del Banco de España, con la efigie de unos verdosos Reyes Católicos. La pensión familiar duró poco, pero a los niños les funcionó como una formación complementaria. Les enseñó a ser sociables y curiosos. Y Julián, lo que más recordó de aquel tiempo fue el color, olor y textura de los billetes relucientes del señor Caballero.

Fueron los tiempos pasados al final de los cincuenta; un grupo de zagales en pantalones cortos salidos de una novela de Juan Marsé, que no tenían edad para entrar en las salas.

Julián y Agustín eran colegas de trapisondas en torno a un cine ya desaparecido, el Coliseum. Un gran edificio modernista que hacía chaflán con la Gran Vía de las Germanías. Un patio de butacas gigantesco y un gallinero perfecto para armar follón. Los niños se criaron junto a ese cine que durante esos años de infancia supuso una aventura cotidiana y marcó sus aficiones estéticas por el séptimo arte y sus mitos. Era un tiempo en que en las fachadas de los cines se exhibían los *cuadritos*, como los llamaban ellos. Eran fotogramas de las películas que pasaban esa semana. Esas escenas en color pegadas a un cartón en una vitrina era todo lo que podían aspirar a ver. Les estaba prohibido ver en acción a las estrellas rutilantes que modularon su inclinación sexual: Sofía Loren, Elsa Martinelli, Ann-Margret...

Rondaban en las sesiones de tarde por las taquillas, entre las colas de adultos. Frente al cine, se colocaba una *paraeta* de frutos secos que era su objetivo principal. Compraban *porrat*, altramuces, chufas y cacahuetes cuando podían, porque era caro. Lo más barato era el *porrat*, garbanzos asados.

El verano era el momento culminante porque por las noches se abrían las puertas laterales del patio de butacas y trataban de atisbar a través de los grandes cortinones de satén oscuro las películas. La temporada en que se pasó *Drácula* fue inolvidable. Antes de que los pillara el acomodador de turno, se colaban por entre las cortinas y tan solo tenían tiempo de contemplar alguna escena en la pantalla. Aquello era mejor que cuando iban con sus padres a ver las grandes producciones de péplums de la época, como *Ben-Hur* y *Quo vadis*.

El Coliseum tenía una sala general a la que se accedía por unas grandes escaleras palaciegas de mármol blanco. Cuando al fin pudieron entrar al cine ya adolescentes, subían al gallinero a ver un programa doble. Ahí cambiaron sus cuitas... En algunas butacas se sentaban homosexuales vergonzantes, adultos que acechaban a los muchachos para meterles mano. Julián y Agustín y los demás se sabían el asunto y salían corriendo a cambiarse de sitio cuando un desconocido les ponía la mano en el muslo. Estaban acostumbrados. Cerca de allí, otro escenario de juegos era la plaza de toros de la calle Xàtiva, a la que por entonces se podía acceder en los días que no había festejos. Por las tardes, correteaban por sus pasillos circulares y espiaban a los adultos que practicaban lo que hoy se conoce como *cruising*.

Hubo escenas que no se olvidan, como la ocasión en que vieron a dos hombres de pie, agarrándose el sexo el uno al otro, como dándose la mano pero con la pilila.

El cine Coliseum y la plaza de toros fueron el escenario estelar de la infancia y adolescencia de los muchachos. Había pasado mucho tiempo desde entonces, pero esas escenas en blanco y negro estaban siempre presentes en su memoria. Como restos de un mundo desaparecido para siempre. Con olor a cuero de butaca, sudor y garbanzos torrados. El olor a aquella sala de cine permaneció en la mente de Julián como una fragancia que encarnaba la última niñez, su gusto por el callejeo y la aventura prohibida. También su morbidez sexual reprimida, a la que contribuían las relaciones con los curas de la parroquia: hombres perversos que no se atrevían a pasar la línea, pero que manoseaban las manos de los niños cuando estos acudían a confesarse obligados por las madres.

Ellos siempre relacionaron el cine con el sexo, no solo por el glamur de las actrices, sino también por el acoso de los maricas adultos en aquellos tiempos franquistas de olor a calcetines sucios y chicle barato de marca Bazooka.

Las diversiones estaban limitadas, pero lo que más funcionaba era la imagen. Los pequeños quioscos de la Gran Vía, donde al atardecer las criadas y madres bajaban a los niños para que jugaran. Las portadas de las novelitas baratas de amor y de vaqueros. Jugar a adivinar títulos. Había de todo: erotismo, aventuras, literatura, regocijo. La grisura del régimen no podía evitar el colorido de la imaginación que provocaban aquellos juegos y lugares.

Aquellas tardes de verano, con una multitud disfrutando bajo la sombra de los grandes plátanos del Eixample en la Gran Vía de las Germanías (que también fue destruida sin piedad, como el cine, para hacer un horrendo túnel, en los sesenta), fueron la educación sentimental de Julián, Agustín y sus amigos.

Con el tiempo comenzaron a desaparecer los *snack bars*, esos locales abiertos en el desarrollismo de los años sesenta con cierto aire americano, de barras circulares, barandillas para los pies y butacas repujadas de cuero. Bares especialistas en cócteles, algunos de los cuales databan de los tiempos de la república. Frente a la plaza de toros lucía el City Bar, frecuentado por el mundo del toreo: maletillas, ganaderos, empresarios, banderilleros, picadores, toreros y hasta rejoneadoras como Juanita Rocamora. El tío Mateo llevaba a su sobrino para que Paquita lo subiera al caballo las tardes de rejoneo. La familia paterna de Julián venía del negocio de los caballos de tiro. Su bisabuelo era un tratante de Catarroja, un potrero, que importaba percherones de la Bretaña francesa. Los caballos siempre tuvieron un papel importante en la vida de Julián, pues el tío lo llevaba, a los ocho años, a ver caballos al matadero municipal de la ciudad, un gran edificio frente al río al que se llegaba por el paseo de la Petxina. Y también tuvieron un papel importante las visitas al viejo río, junto a las torres de Serranos, donde los jueves se celebraba una feria de ganado y él llegaba subido a una tartana, carricoche de dos ruedas, tirado por un solo caballo.

Además de Barrachina, la plaza principal de la ciudad, llamada por supuesto del Caudillo, estaba cuajada de *snacks*: Balanzá, Noel, San Remo, el Tívoli y Reno. Frecuentaba aquellas cafeterías un mundo de señoritos emperifollados que acudían a tomar el aperitivo o el cóctel de moda.

Al paso de los años, la nueva tropa jipi frecuentaba algunas de esas reliquias con un espíritu de crítica. Eran las cafeterías que suponían la antesala de las visitas al cine o los teatros. Con el tiempo se esfumaron, como el nombre de la plaza.

Eran los años sesenta, en que la costumbre era tomar algo antes y después de las sesiones de los cines de estreno del centro. Salas con un diseño y una decoración combinados con los de los *snacks*. Cines con espaciosos vestíbulos, como el Coliseum, lujosos, con paredes decoradas con carteles dibujados a mano.

El Tyris, el Gran Vía, el Capitol. Y los *cabarets* a la manera anglosajona: el Emperador, Malambo, el Oasis, el Carnaby. Eran negocios que salpicaban el buen vivir y el glamur emergente de una ciudad que salía de la autarquía y la penuria cutre para incorporarse a cierta modernidad.

La zona de la plaza de toros y la estación del Norte, el territorio que se adentraba en el barrio de Russafa, era zona fronteriza. El Eixample separaba la ciudad de los barrios más pintorescos y antiguos, donde también habría profusión de locales.

Los sesenta podían ser grises, pero a mitad de la década, el ambiente creció en intensidad, como la edad de la pandilla que se animaba con sus iniciativas, creando escenarios alternativos, encapsulados en un universo *freak* inaccesible para el *establishment* dominante. El escenario primitivo dio paso a los primeros aullidos de la contracultura.

El eje fue el Parterre. Bares y tascas; buhardillas de pintores, como las de Luis Massoni, Horacio Silva y Miquel Navarro, jóvenes que por entonces luchaban por abrirse camino en el terreno creativo y que más adelante lo conseguirían.

A partir del año iniciático de 1968, por aquel parque se dejaron caer los jóvenes cineastas independientes que trataban de seguir los pasos del *underground* americano. Buscaban actores para sus películas surrealistas; deseaban imitar los filmes herméticos de la *nouvelle vague* y Godard, filmando en super-8. Aquellos centauros fabricaron un mundo a su medida para escapar del asfixiante régimen que perseguía la cultura con cárcel, palizas y multas.

Entre los años 1968 y 1975 se vivieron las experiencias del cine independiente. Un reguero de nombres integra un magnífico intento de aplicar la inteligencia, el desafío y el rigor de la disidencia frente a una sociedad de catetos adocenados que apostan por el cine de Martínez Soria, Pedro Lazaga y otros innombrables de la impostura y el conformismo. Esos nombres son los de Casimiro Gandía, el primero en filmar una película en 16 mm; Lorenzo Soler, con su reportaje sobre Raimon; Antonio Maenza, llegado de Teruel y ayudante de Buñuel; el escritor Josep Lluís Seguí; la pintora María Montes; Lluís Rivera, Luis Núñez, Antonio Llorens, Pedro Uris, Juan Vergara, Ferran Cremades y Ángel García del Val.

Una exposición sobre la contracultura valenciana, organizada en el siglo siguiente, muestra retazos, retales de un intento fallido de incorporarse a la vanguardia europea. En 1981 García de Val estrenó *Cada ver es...*, reportaje sobre el ayudante del forense de la Facultad de Medicina, Juan Espada, en la morgue, un filme sobre «la mugrienta filosofía de ultratumba», según la escritora Pilar Pedraza, que se ha convertido en cinta de culto. Y que resucitó en la Mostra de cine de 2022.

Sin embargo, los protagonistas del *underground* local no parecían valorar en exceso su papel. Rafa Ferrando, fallecido en un accidente doméstico y gurú contracultural, antiguo empleado de doblaje para la televisión, tenía recia voz, y dijo en su momento que la movida del cine independiente «se hacía para follar». Y el también desaparecido en las brumas de la historia Rafa Ventura Melià, periodista y escritor, aseguraba que aquello era jugar «al morbo y al erotismo»; o, dicho con otras palabras: «Un quiero y no puedo en el que los actores tenían que enseñar el culo». Rafa Ferrando, inventor del bar más chulo de la época, murió asfixiado en su propio sofá al dormirse con un cigarrillo encendido entre los dedos.

Aquello fue maravilloso mientras duró y también una rareza; y sería impensable para un joven actual, con todo el repertorio de excitantes sociales al alcance del bolsillo, lo que la tropa imaginó. Como los niños pobres que fabrican sus juguetes con los trastos viejos de casa, espadas de madera y caballos con escobas, la peña del Parterre construyó su propia diversión, sin sospechar que, años después, los listillos socialdemócratas de la política les iban a parar los pies para que la historia siguiera su curso al servicio de lo políticamente correcto.

Pero queda para la historia una estela de personajes protagonistas de aquel foro, de aquella plaza subversiva: Héctor y María (que trajeron de la India pan de opio), Abraham, Roberto Manzanera, el Rubio, el Peque, Fede, el catalán, Fefe, Ringuito y su novio Miguel, María Eugenia, Pili Lennon, el Tumba, Alfonso, Enrique el Cuervo, Jorge el Anguila (llamado así porque apareció un día con su mochila de viajero y con una bolsa de plástico llena de agua donde nadaba una enorme anguila), Pepe Calandín, Antoine, Oswaldo, Nicolás, Guiralt y, por supuesto, Julián. Muchos de ellos han muerto, otros han desaparecido, pero su memoria flota en los jardines a tiro de piedra de la Glorieta, otro jardín que cien años atrás albergó las kermeses, fiestas y banquetes de los padres de la patria valencianos junto a los artistas del momento, señores con bigotes y sombreros de copa y damas encopetadas con sombreros floridos: Blasco Ibáñez, los Benlliure, Sorolla y el marqués del Turia.

3

Con el paso del tiempo, los chicos llegados de Ibiza y de la India no solo contaban con el glamur; también trajeron la heroína. El sueño de Woodstock comenzaba a torcerse; ni flores, ni amor libre, ni ecologismo: *jaco*. Fueron los mismos pijos que podían viajar a Oriente los que la traían. Como Pepe, que regresó de Tailandia con cien gramos de heroína pura, oculta bajo un peluquín, pegada al cráneo rasurado. O la Julie, que viajó a la India y regresó sin problemas con un retablo lacado en cuyo interior se ocultaba la droga. Eso también creó héroes, como en el caso de un valenciano que intentó algo parecido y lo trincaron: se pasó años en la prisión. Y se había estrenado ya *El expreso de medianoche*.

En el Parque, todavía ajeno a la droga dura, se sucedían las tardes interminables en discusiones sobre la existencia entre jóvenes animados por el consumo de *barrejat* y sentados en la bancada decimonónica de piedra que rodeaba el jardín, y donde el gigantesco ficus coronaba, como un gran dios pagano, el símbolo de la rebelión. Raimon comenzaba a cantar por aquellos tiempos. Pero entre esos setos de *outsiders* se cantaba «All You Need Is Love». Esos jóvenes no creían en las pistolas, sino en las pipas de kif. Y la aparición en 1967 de *Sgt. Pepper's Lonely Hearts Club Band*, el disco de los Beatles, supuso una conmoción sin precedentes por su complejidad, belleza y luminosa imaginación.

La movida se fue expandiendo en un viaje lógico que remontaba la calle de la Paz hacia el barrio más antiguo de la ciudad, la antigua morería valenciana, el barrio del Carme asolado por la terrible riada de 1957. Los contraculturales y fumadores de porros encontraron sus decorados propicios en aquellas calles sucias, edificios semiderruidos y comercios humildes de menestrales pobres. Allí estaba su música, su ambiente, no tan duro como en los primeros tiempos.

El mes de diciembre de 1963 fue la funesta fecha en que apareció el TOP (Tribunal de Orden Público), brazo represor de cabecera del régimen, y seis años después, la policía asesinó en Madrid al estudiante Enrique Ruano, miembro del Frente de Liberación Popular. Los chicos y chicas del Parque no estaban muy al tanto de aquello. Vivían en otro mundo.

En 1968, y tras los primeros escarceos del malditismo —lo que hoy serían las tendencias gótica, *grunge* o gore—, suceden dos cosas que dan un paso adelante en la disidencia *underground*: aquellos con vocación de malditos estrenan a escondidas la película *Orfeo filmado en el campo de batalla*, del cineasta Antonio Maenza, que ya se ha hecho muy valenciano; y —otro suceso clave— se pone de moda el mítico *pub* Capsa 13.

La filmación de *Orfeo* en el verano de 1968 tiene varios escenarios. En la plaza del mercado del barrio del Carmen, un par de jóvenes melenudos sostienen el marco de una puerta, un pórtico abierto al universo. Ante la mirada atónita del paisanaje, compuesto por huertanos con boina y matronas que venden pollos vivos, esos actores con aspecto jipi parecen fuera de lugar.

Frente a ellos, un joven moreno, de mirada inteligente, pelo corto y barba recortada, enfundado en un elegante traje de terciopelo negro, esgrime su cámara de 16 mm; tiene veinte años, pero por la forma de moverse y hablar podría tener cincuenta.

Su mirada es perspicaz, desafiante, y parece saber muy bien lo que se lleva entre manos. El joven es de la mudéjar Teruel. Antonio Maenza está filmando las primeras secuencias de una película que se hará legendaria y marcará el espíritu de una época de esperanza y utopías, más tarde frustradas, como su propia vida, apagada demasiado pronto.

La película se perdió y sufrió mil avatares hasta ser descubierta años después, junto con otras de sus obras, por el cineasta Joaquim Jordà y Leandro Martínez, de la Filmoteca de Zaragoza.

Hay un antes y un después en la historia de la vanguardia a partir de esta película, joya del cine independiente español. Si bien Maenza realizó un total de tres películas, es *Orfeo* su primer trabajo valenciano, y el más importante de su filmografía.

La cinta —que supone el pistoletazo de salida del cine independiente en la ciudad y crea una atmósfera rompedora de disidencia— sintetiza todo el talento y la agudeza de un creador incomprendido por el sistema y a un tiempo admirado por el mundo intelectual y alternativo del momento.

Orfeo, de 36 minutos de duración, filmada en blanco y negro y con un montaje final alucinante y rompedor, que bien podría haber sido tramado de otra manera —leído en sentido inverso, al modo de la lectura de *Rayuela*, de Cortázar—, es un manifiesto rotundo de rebeldía y rechazo al orden establecido.

Es el año del final de la utopía. Los ecos de las revueltas —en Berkeley, en París— llegan a nuestro país a cuentagotas por la censura del régimen, pero en Valencia bulle una juventud empapada de cine, de literatura, de arte, que se nutre de lo que se trae del exterior democrático; y en el fragor disidente del mundo universitario se discute sin cesar de marxismo y revolución, y de los valores de la contracultura: la libertad y la igualdad sexual, la música popular, el antibelicismo y el antiimperialismo.

Antonio Maenza, presentado a los jóvenes ilustrados y rebeldes por su amigo el poeta Eduardo Hervás, se sumerge a fondo en el alegre mundo de la contracultura local.

Visto a toro pasado, el relato fílmico de *Orfeo* es de anticipación, con el cuerpo desnudo como protagonista, los imperativos de la revuelta cultural, las contradicciones del capitalismo y el ansia de libertad de una juventud oprimida por el sistema.

«El origen de nuestras deformaciones infantiles está en la cocina», se lee al principio de la película. Una sucesión de secuencias fulminantes van inscribiendo, como estallidos, un mensaje sublimado: un alcalde franquista esgrimiendo una pistola; los melenudos transportando una cama por la ciudad; filmaciones de guateques de chicas y chicos yeyés, aquellos guateques inocentes, con canciones de Adamo —pero Antonio, aunque la cinta es muda, tiene la música de Frank Zappa and the Mothers of Invention en la cabeza como banda sonora—; y luego, una cama redonda con tres cuerpos que hacen el amor; un fundido encadenado al marjal valenciano y un campesino labrando con la ayuda de un percherón; dos jóvenes que extienden un largo lienzo blanco sobre la tierra y ante la mirada atónita de los labradores escriben «Muera el imperialismo»; unas manos que abren un ejemplar de *El Capital* de Marx. Y sin solución de continuidad, interior noche: una gran cama; cuerpos desnudos hacen el amor mientras, al lado, un tipo escribe a máquina; y también, una gran foto de León Trotsky, un cuadro de Paul Klee y un mensaje: «El cine ha muerto». Lo que a primera vista parece un caos narrativo va adquiriendo la forma de un relato que habla de la situación del país y de las propuestas de una nueva sociedad. En su cine, Maenza muestra la erudición y el compromiso como un juego: la cultura, el cine, han de ser diversión y también provocación. Y sus influencias son jugosas: Buñuel, Tarkovski, Godard. El cine como arma de combate. En un manifiesto del cine independiente americano de inicios de los sesenta, firmado por los hermanos Mekas, Robert Frank y Andy Warhol, entre otros, se lee: «El cine oficial del mundo entero se está quedando sin respiración. Está moralmente corrompido; es estéticamente anticuado, temáticamente superficial, temporalmente aburrido [...]. No queremos películas falsas, apañadas, pulidas; si es preciso, preferimos películas toscas, pero vivas. No películas rosadas, sino películas del color de la sangre» (*Film Culture*, Nueva York, 1960).

El cine de Antonio Maenza quiso ser del color de la sangre: un arco de propuestas utópicas que eran el pálpito de su tiempo. El lúcido discurso de Maenza, su cine surrealista, patafísico, iba más allá de la retórica izquierdista del momento; apuntaba directamente al cuerpo reprimido, a romper la resistencia de las mentes cerradas. «No son pocos los que no encuentran su corazón hasta que no han perdido su cabeza», escribió Nietzsche. El turolense Antonio Maenza, cuya persona y jovial talante eran ya una forma directa de quehacer artístico, hizo de su cine una ficción de sí mismo.

La exhibición de *Orfeo* en 1969, al año siguiente de su realización, tuvo lugar en el sótano de la librería Viridiana, llevada entonces por Enrique Pastor, un socio fundador de la *Cartelera Turia*, producto editorial único en el Estado y espacio literario de resistencia a la dictadura con la excusa de la crítica de cine. Aquel estreno de la película de Maenza se convocó de manera clandestina, por medio del boca a boca. La cinta se proyectó sin sonido y los actores recitaban al mismo tiempo que se pasaban los rollos. Los autores instalaron un tocadiscos en el que pincharon la música del filme. También se escuchaban pasajes del *Orfeo* de Penderecki. Todo ante una escéptica y muy ilustrada audiencia de jóvenes revueltos, dirigentes comunistas de la Universidad e integrantes de la Valencia subterránea, creativa, subversiva y disidente. En la cinta se utilizaron las imágenes del estreno en el cine Rialto de una película con Henry Silva titulada *Assassination*. Aparecía en la toma la estatua ecuestre del dictador Franco con el fondo del gran cartel de la película. Cuando acabó la proyección en la librería del pasaje, un abogado amigo de Ferrando declaró que al local se lo podía acusar de cuarenta y siete cargos, y su consiguiente cárcel. Actores de *Orfeo*, como los universitarios Puig y Larrauri, no tenían todavía la mayoría penal, que era de veintiún años. La cosa, afortunadamente, no tuvo esas consecuencias.

El otro fenómeno que cambia el perfil de esos tiempos es el primer *pub* alternativo. Capsa 13 tenía un subtítulo seductor: «El somni de la teva repressió». Un local nuevo en el barrio del Carme atrajo, como moscas a la miel, a los excéntricos del Parque. Se ubicaba en una calleja proletaria, la calle Ripalda, muy cerca del mercadillo de Mossén Sorell, que, a la sazón, era una pequeña aglomeración de barracones de mugrienta madera con rincones que, al anochecer y en las madrugadas, los heterodoxos aprovechaban para hacer el amor sin ser vistos. Justo en ese mercadillo comienzan las secuencias surrealistas de la película de Maenza, *Orfeo*, con dos tipos transportando un somier en medio del tumulto callejero.

Capsa 13 fue el primer garito con aires otomanos y orientales, una torre de marfil en el corazón de un barrio obrero. Entrabas, y en la penumbra distinguías a las chicas tumbadas como odaliscas en los cojines y alfombras. Los tipos trataban de imitar con rabia la moda de Londres; se tocaban con pamelas, y algunos se ponían los viejos abrigos de pieles de la madre para parecerse a los Stones en su último disco, lanzado en España en 1968, *Between the Buttons*, en el que Brian Jones, Mick Jagger, Keith Richards y Charlie Watts aparecían en un parque brumoso cubiertos con abrigos de piel y aparatosos sombreros y pamelas femeninas. La bisexualidad que más tarde encarnarían artistas como David Bowie y Lou Reed ya la apuntaban los roqueros británicos antes de tiempo. Julián y su amigo del instituto, Tico, ambos hijos de republicanos, entraban juntos algunas noches con los abrigos de piel que encontraron en el ropero familiar.

El local de la calle Ripalda tenía la barra cúbica, como una cabina, y las paredes adornadas con cuadros y pósteres. Un panel de corcho a la entrada contenía informaciones variadas del ambiente *underground* de la ciudad, y en la pared había un cuadro grande con la figura de una mujer abatida ante una copa, como una relectura existencialista de *El ajenjo* de Degas. El pintor era un asiduo del lugar, Miguel Ángel Campano, un chaval hijo de militar, pero muy lanzado. No solo los jovenzuelos del parque acudieron; también los artistas jóvenes del momento, que ya trabajaban con ahínco en su obra, frecuentaban el lugar: Joan Cardells y Jordi Ballester, del Equipo Realidad; el Equipo Crónica;

Carmen Calvo, Miquel Navarro, Jordi Teixidor, Rafael Ramírez Blanco, Juan Antonio Toledo y Martí Quinto; y poetas y cineastas como Gassent, Hervás, Guillermo Carnero, Jenaro Talens y Leopoldo María Panero, entre otros. Todos ellos eran personajes que jugarían un papel clave en la cultura valenciana democrática que se abriría como una rosa en los años ochenta, cuando al fin se normalizaría la esperada democracia. Creadores que influían con su presencia y charlas en el espíritu virgen de Julián y sus amigos.

Una foto de Marlene Dietrich enseñando las piernas en *El ángel azul*; fotos de Marilyn y de Jimi Hendrix. Mesas bajas de madera y ceniceros primitivos de barro hechos a mano. El ambiente propicio para la nueva época que se avecinaba y que permitía entrar con esperanzas en la década siguiente, en la que todo cambiaría por la sencilla razón de que moriría de viejo el asesino.

Capsa 13 fue el escenario de una suerte de lucha de clases de barriada, un discreto *thriller* provinciano, que se saldó con algún herido en el bando de la contracultura. El Carme era un barrio proletario degradado al límite desde que sufrió la riada. El régimen corrupto y antipopular del país se había desentendido del barrio y lo condenaba a la marginación.

Así que cuando los universitarios, los artistas y la intelectualidad emergente, pequeños burgueses ilustrados, comenzaron a exhibir sus disfraces por allí, las bandas asesinas de gatos se la juraron. Eran tipos que no escuchaban a los Stones, sino rumbas de Peret y guitarreo flamenco. Hijos de obreros pobres, se habían criado entre los solares y ruinas, formando bandas que se dedicaban a pelearse entre sí, y cuando se aburrían, mataban gatos quemándolos vivos. El Paraca, el Mao, el Toro, eran matones de poca monta. No entendían a los niños bonitos. Pandillas como esa las había en todos los barrios populares de la ciudad: Russafa, Les Tendetes, Orriols... Hacían su lucha por su cuenta y se ponían nombres estrambóticos: la Banda del Huevo, los Smoks...

Más tarde se supo que todo fue una conspiración: la alianza entre un grupo de extrema derecha y la pandilla del Paraca. La banda de gamberros atacó a Julián y sus amigos cuando salían a medianoche del tugurio. Caminaban con un cura obrero, que les daba clase en el Instituto Sorolla. Le tenían aprecio, pues ese cura era bien diferente al resto de sus colegas tonsurados. En sus clases, en vez de dar religión, pinchaba a los Beatles en un *pick-up*. Se ganó a la clase de revoltosos de inmediato. Y ellos lo llevaron a Capsa aquella noche fatal.

Los pandilleros los sorprendieron en la calleja de la morería. El más grande le soltó un sonoro tortazo a traición, por la espalda, al cura comunista, el padre Vizcarra; los demás se dispersaron. A Julián lo agarró el Mao, un gigante de grandes manazas y modales de orangután que comenzó a golpearle el rostro contra el bordillo de la acera. La cara de Julián fue un mapa durante días. Fue su primer encuentro con la violencia. El otro encuentro decisivo en su vida no iba a tener lugar en Capsa 13, el lugar de moda, sino en una librería del centro de la ciudad.

4

En los años setenta estalla la modernidad valenciana. La cercanía del fin del régimen se intuye. De la morosidad al desafío. El lustro de oro antes de noviembre de 1975 tiene varios momentos decisivos. La música tiene un papel esencial en la formación de estos chicos y chicas, aunque decir influencia espiritual queda cursi, porque lo que sucede es algo muy diferente: se trata de una educación perversa, alimentada por la contestación roquera de carácter bisexual o andrógino que viene de Londres. La aparición de discos como *Electric Ladyland*, *Transformer*, *Space Oddity* y *Exile on Main Street*, obras de arte directamente inspiradas en las drogas, ponen el mundo del revés. Hendrix, Reed, Bowie, Jagger... Y lo más decisivo: muestran a los muchachos que hay unas vías de conocimiento, disfrute y libertad al alcance de la mano. Las drogas. Los paraísos artificiales de Baudelaire. Las puertas de la percepción de Huxley, el zen del jipi Watts en Berkeley. Es un asunto poco estudiado, porque la política izquierdista, su rigidez doctrinaria, su ausencia de una teoría del placer, funcionan como una castración que los jóvenes no están dispuestos a aceptar. Si el ambiente social está dominado por la vulgaridad, las restricciones y el mal gusto, la estética y la subcultura de una burguesía sumisa, los vástagos no están dispuestos a seguir el guion establecido. Y en el inicio de los ochenta, Nueva York está poniendo la cultura burguesa patas arriba. Lo que ahora llamamos lo políticamente correcto. Grupos como Talking Heads publican

Remain in Light, un disco conceptual esencial para el futuro. Para abrir las mentes a otras visiones del mundo.

Mientras los políticos concienciados —mayormente comunistas— nacidos de la heroica resistencia contra el nazismo forman una especie de culto al héroe sacrificado, de aires cristianos, los *baby boomers* pasan de eso, y se dedican a experimentar. Durante la orquestada Guerra Fría todo se politiza, pero la música popular funciona como una válvula de escape a tanto doctrinarismo conventual. Ahora sabemos que mucha cháchara izquierdista tenía mucho que ver con el estilo seminarista de los teólogos progres; los militantes comunistas, salidos de los colegios religiosos, tenían mucho en común con una visión mesiánica de la revolución.

Por vez primera aparece la asignatura de Sociología en la recién construida Facultad de Económicas. Hay un trío muy especial compuesto por los profesores Josep Vicent Marqués, Damià Mollà y Salvador Salcedo. La editorial L'Estel publica en 1974 el libro de este último, *Integrats, rebels i marginats: Subcultures jovenívoles al País Valencià*, un provocador ensayo sobre las emergentes tribus de jóvenes rebeldes.

La cultura urbana despierta de su letargo. El editor Víctor Orenga comienza a publicar a todo escribidor indígena que tenga algo que contar: Alfons Cervera, Fernando Arias, Ferran Torrent, Pilar Pedraza, Josep Lluís Seguí... Y la ciudad se llena de *pubs* y de marcha.

La lista de locales chics de la época es interminable. La mayoría están ubicados en el barrio del Carmen, que pasa de ser un villorrio asolado a convertirse en un Greenwich Village o una Portobello Road ibéricos. Desde principios de la década ha aparecido la heroína, y la subcultura yonqui comienza a cabalgar por la ciudad.

El Carmen se convierte en su escenario, como el de la novela americana *Clockers*: policías versus bandas y traficantes. Y el comisario jefe municipal le declara en una entrevista a la entonces periodista de moda, María Ángeles Arazo, que ha decidido formar la Brigada 26, un cuerpo policial nocturno «a la manera de la policía turca». Esta brigada se hizo famosa por las palizas y por el talante patibulario de sus miembros, algunos reclutados en ambientes muy parecidos a los que querían reprimir. Pese a sus maneras violentas y antipopulares, no se disolvieron hasta bien entrados los años setenta.

Son los últimos años del franquismo, los de estados de excepción y consejos de guerra, huelgas y manifestaciones. Y represión sin cuento. En las universidades y las fábricas. Y se intensifican los atentados fascistas contra las librerías.

En 1972, Toni Moll, con veinticuatro años, abre la librería Dau al Set. Lo hace en la calle del Mar, gracias al contacto del intelectual de Bellreguard, Pere Borràs, y los hermanos Guitart, de Piles. Moll le había dado un diseño pop futurista. Insólito por entonces. Tenía una oferta variada y acorde al cambio de los tiempos: discos traídos directamente de París, libros raros del bulevar Saint-Michel, objetos, iconos pop y jipis... La decoran un grupo de arquitectos jóvenes de Barcelona, y a través de Tomàs Llorens (futuro director del

IVAM en los ochenta), el Equipo Realidad monta unos llamativos paneles en la decoración interior.

Disponen de una sección de importación de libros franceses, revistas y discos. Toda la editorial Gallimard y discos de *jazz* y *blues*. Se convirtió también en un lugar de encuentro de la oposición comunista. Antonio Palomares, secretario del PCE, y muchos militantes iban por allí: los arquitectos Carles Dolç y Just Ramírez, ambos del MCE (Movimiento Comunista de España); gente del PSPV (Partit Socialista del País Valencià), como Vicent Ventura, la rama nacionalista de los socialistas...

En los años siguientes, se suceden los atentados, dos bastante fuertes. El primero fue con una bomba incendiaria, sin víctimas, y casi arruina el local, que estaba en un bajo. El segundo, en 1975, fue con Goma-2. Pero Dau al Set resistió hasta su desaparición en los años noventa del pasado siglo.

Y uno de los pioneros en activo, Toni Moll, fiel a su tradición librera y cultural, crea la editorial Leteradura, con tres títulos ya en el mercado. Su sede estaba en el bar cultural Malvarrosa Espai Paral·lel, de la calle Historiador Diago, hoy desaparecido. El mercado de las editoras independientes se abre camino a duras penas, gracias a la labor de aquellas primeras librerías audaces, a los esfuerzos y a la determinación de viejos libreros utópicos, en la actualidad retirados en sus cuarteles de invierno.

De la emergencia de libros y librerías se pasa al auge del nuevo cine, el de los Maenza y Gassent. Un trávelin imaginario nos muestra a un tipo joven, con zamarra de ante en bandolera, barbas castristas y mirada aviesa, que camina por la calle de la Paz en el vértice de décadas. Es empleado de banca, pero tiene aspiraciones como escritor de cine. En esas fechas, a ese chaval llamado Antonio pueden enchironarlo tan solo por la pinta que lleva. De hecho, es un tiempo en que a los detenidos melenudos los rapan sin contemplaciones. Pero Antonio no va de eso. Es un mitómano, porque en 1962 murió Marilyn y un año después asesinaron a Kennedy: *the dream is over*.

Todo está prohibido. La única manera de escapar a la vigilancia del Gran Hermano fascista se esconde en la cultura o, mejor, la contracultura; y dentro de ella, en un deporte de intelectuales: el cineclubismo. Son tiempos revueltos, al principio de la década.

Hay algo que marca de manera clave el acontecer cultural valenciano: en 1964, un grupo de intelectuales, empleados bancarios y marxistas encubiertos sacan a la luz una revista que iba a durar lo suyo: la *Cartelera Turia*. Sus mentores son Pepe Vanaclocha, Pastor, J. A. Yvars y Casimiro Gandía. La influencia de la publicación entre el mundo antifranquista y moderno es inmediata. Como *Triunfo* a nivel nacional, la *Turia* inyecta sobredosis de cultura europea e información en sus lectores. La Nouvelle Vague, el Free Cinema, el cine de Pasolini, comienzan a formar parte de las conversaciones de los valencianos.

Es una tendencia que tendrá su culminación tras el mayo del 68. Cultura y oposición política van unidas de la mano. Ya en el año 1969 el cineclub de la Asociación de

Vecinos de la Malvarrosa, bastión proletario, proyectaba todos los sábados película con su presentación y coloquio. Dionisio Vacas, dirigente vecinal y miembro del perseguido PCE, aprovechaba para lanzar su mitin. Aquel fue un cine-club laico en comparación con otros que llevaban los curas progresistas, como el Magister, en la iglesia de Monteoli-vete. Las asociaciones de vecinos querían hacer cine, pero no tenían proyectores; eran especialmente vigiladas por el Gobierno Civil. Tenían que pedir permiso para cada película. La policía sabía que había mucho revolucionario metido en el ajo, pero no podía hacer nada.

El caso del comunista Vacas es chocante: además de ser un dirigente obrero de manual, era audaz y conocía a todos los policías de la Brigada Político-Social que se colaban en sus eventos. Los llamaba por su nombre y los desenmas-caraba en público. La calle central del barrio marítimo de la Malva era además uno de los escenarios principales de las manifestaciones contra el régimen que organizaban los partidos clandestinos. En especial, el PCE de Vacas.

Esas *manis* exprés, por su rapidez y brevedad, entonces se llamaban *saltos*. Los manifestantes llegaban con discre-ción y merodeaban por el barrio; sonaba un pito de árbitro y todo el mundo saltaba a la calzada y se ponía a vocear sus consignas: «¡Abajo la dictadura!», «¡Franco asesino!», «¡Amnistía y libertad!». Su número no pasaría de las tres-cientas personas. Duraban un suspiro. Lo que tardaban en oírse las sirenas policiales a lo lejos. Todo el mundo desa-parecía, y allí, cuando llegaban los grises, ya no había nadie.

Barrios populares valencianos vivían la misma experiencia: Benimaclet, Mislata, Orriols, Torrefiel...

Las asociaciones de vecinos de toda la ciudad habían sido impulsadas desde tiempo atrás por los militantes del PCE. Era una política muy eficaz, pues los activistas encumbrados se convertían con rapidez en líderes vecinales que llevaban el agua a su molino. No todos los partidos comunistas se habían disuelto. Permanecían activos los militantes del MCE, un partido muy activo en los barrios. En Torrefiel contaban con un tipo muy apreciado y eficaz, un joven arquitecto llamado Just Ramírez, que era el auténtico líder vecinal.

Las fuerzas del régimen se disponían a buscar una continuidad de la dictadura. Pero aquello no podía durar, porque las fuerzas democráticas se iban organizando a toda velocidad. Formaron la llamada Coordinadora de Fuerzas Democráticas, que integraba, además de los distintos partidos de izquierda comunista (el PCE, el MCE y el PTE), a socialdemócratas, cristianos progresistas y diversas fuerzas de distinto signo, unidas por su determinación de conseguir libertades políticas y gobierno democrático en España. Comenzaron las manifestaciones masivas de ciudadanos al grito de «Llibertat, amnistia i Estatut d'autonomia». Se despertaban las aspiraciones territoriales de los distintos pueblos del país, desde Catalunya a Euskadi, tras cuarenta largos años reprimidos por la bota franquista. Se celebraban grandes conciertos con grupos de *rock*, asambleas en las universidades, protestas y rebeliones en los barrios, huelgas obreras.

El periodo que va desde la muerte del dictador hasta el primer gobierno democrático y la legalización de todos los partidos políticos clandestinos estuvo cuajado de violencia y de muertos. Los ministros posfranquistas no dudaban en sacar la policía a la calle para disparar fuego real contra los manifestantes. Pero cuanto más se incrementaba la represión, más masiva era la protesta. Las masas populares lo tenían claro. O libertad política y democracia plena, o el caos.

El 9 de abril de 1977 fue legalizado por fin el PCE, el único partido que seguía en la clandestinidad. Julián y los muchachos y muchachas lo celebraron, y recibieron su carnet en un acto de Estudio, un local financiado por elementos cercanos al PCE.

Quedaban unos cuantos años para que el viejo grupo se curtiera en la lucha por las libertades. Imbuidos por las lecturas revolucionarias, habían dejado las francachelas del viejo parque y sus encuentros en el bar Los Gestalguinos para ejercer una disciplina política de partido que se agravó con la militancia en el PCE. El 27 de septiembre de 1975 marca un hito, pues el régimen fusila a cinco miembros de ETA y el FRAP. Es dos meses después, al morir Franco, cuando la llamada Transición comienza a funcionar. Aquel día de los fusilamientos permaneció en la memoria de los muchachos, porque fue memorable.

Tico llamó a Julián y le dijo que acudiera a una asamblea que se iba a celebrar en la Universidad de la Nau, donde todos estudiaban Económicas. La mañana era luminosa y el número de estudiantes abarrotaba el vetusto paraninfo de la Universidad, donde colgaban en las paredes los cuadros de los distintos rectores, como momias resucitadas. El ambiente radical y subversivo de la masa de estudiantes de todos los colores contrastaba con la seriedad del espacio. Fue Javier, un granadino llegado a la ciudad para estudiar, el que mejor se las gastaba para exaltar a las masas.

—Compañeros, la dictadura ha cometido un crimen horrendo. Tenemos que mostrar nuestra repulsa y salir después de la asamblea en manifestación por la ciudad.

Todos aplaudieron y gritaron consignas revolucionarias. Julián, Miguel, Agustín, estaban preparados para la acción. De pronto, a alguien se le ocurrió descolgar los retratos de Franco y José Antonio ubicados bajo la tribuna del paraninfo satinado.

Sacaron los cuadros al claustro y los colocaron sobre una pira de periódicos, bajo la estatua de Joan Lluís Vives, que presidía aquel patio universitario. Fue el rebelde Agustín, que no estudiaba en el centro, porque había abandonado cualquier actividad académica, quien prendió con su mechero la pira con la imagen de los odiados fascistas. El clamor estudiantil fue ensordecedor. Mientras ardían los próceres en el centro del claustro, las calles adyacentes de la Universidad se llenaban de brigadas de policías antidisturbios con la intención de desalojar. Aquello comenzó a ponerse difícil, y habría sido una masacre si el rector no hubiese salido a negociar con la policía el desalojo pacífico del lugar.

—Compañeros, la policía ha rodeado el edificio y tenemos que salir sin problemas. De lo contrario, cargarán contra nosotros.

Salieron silenciosos de la Universidad bajo la mirada hostil de los policías; comenzaron a gritar consignas antifascistas y, por fin, los grises cargaron. Carreras, palizas, detenciones: la mañana se convirtió en un caos.

5

El cineclubismo valenciano fue una manera de disidencia política contra la dictadura. Aprovechando los resquicios que permitía el franquismo en su última fase, un grupo de cinéfilos, de militantes demócratas, aliados con curas progresistas, crearon una red de cines en barrios, colegios, iglesias y asociaciones que nutrieron con sus proyecciones y debates las ansias de cambio político.

Vicente Vergara, periodista y exdirector de la *Cartelera Turia*, era un cineclubista de primera generación en su juventud y miembro del frente cultural del PCE. Contaba cómo en los cineclubs siempre prometían buenas películas. El régimen los permitía porque iban a circuitos reducidos. Allí se conocía a mucha gente con inquietudes políticas. Para la oposición democrática había una consigna: aprovechar todas las plataformas legales existentes. Igual que los sindicatos clandestinos de C.C.O.O. aprovecharon el sindicato vertical para, dentro, darle la vuelta, Vergara y los suyos organizaban debates para agitar al personal.

Los jóvenes cinéfilos y revolucionarios no se estaban quietos. Y no solo en la ciudad, donde en los primeros setenta se produce una eclosión de cineclubs, sino también en las comarcas. Nacionalistas del PS y otros grupos democráticos crean cineclubs en Llíria, Buñol, Yátova y Chulilla. Paco Tortosa, actual guía de viajes, impulsó uno en Sedaví donde proyectó... ¡cine húngaro!

En el cineclub de la Facultad de Ciencias, actual sede del Rectorado, se proyectaban todos los sábados películas a las siete. Lo llevaban los legendarios hermanos Sebastián, que luego hicieron carrera en el negocio del cine comercial de calidad (crearon las salas Acteón y Xerea, hoy desaparecidas, y los cines Aragón y El Osito). En 16 mm y a veces en super-8. Eran películas prohibidas. Bastante infames, deterioradas; pero la gente acudía contenta a verlas.

Y la infiltración no cesa. Se crea la coordinadora de cineclubs. De manera que a principios de los setenta, el auge de estos cines se puede ver en la programación semanal de la *Cartelera Turia*.

Las sesiones del Suizo: cine de Glauber Rocha, *Deus e o diabo na Terra do Sol*. Se hacía una especie de totalitarismo intelectual de reminiscencias estalinistas. Veías la cabeza redonda del crítico marxista Pepe Vanaclocha, pope de la *Cartelera Turia*, y te ponías a temblar. La vanidad de los izquierdistas enterados provocaba el pánico entre los jóvenes progres que no habían entendido ni pizca de una película; había que disimular para no quedar en ridículo.

En 1970, en Valencia funcionan el cineclub Ateneo, CEM de Sipe, Ciencias, C. M. Pío XII, Dominicos, Don Bosco, Imagen y Magister, entre otros. Las películas van desde *Roma città aperta* en el radical Malvarrosa hasta películas de Jerry Lewis y los hermanos Marx en el Imagen del Colegio de Farmacéuticos, en el barrio de la Xerea. Eran una auténtica válvula de escape para la inquieta juventud valenciana.

Los militantes clandestinos se mezclaban entre el público para hacer preguntas en los coloquios y elevar el nivel de la discusión. Se le sacaba punta hasta a un wéstern. Por ejemplo, *Los profesionales*, de Richard Brooks. Se pasaba de hablar de la estética, o de Lee Marvin y Claudia Cardinale, a meter en el ajo el contexto de la película: la revolución mexicana de Zapata. Era activismo y propaganda.

A mitad de los años setenta, el movimiento está consolidado y los *cineclubbers* juegan con la policía y la censura como el gato y el ratón. Los demócratas desalojan del Ateneo Marítimo de Valencia a un concejal franquista, Pascual Lainosa, y forman una junta de reformistas. Cuando el PCE aún no está legalizado, se crea la asociación PCPV en la calle Escalante. Allí se hace cine todas las semanas, y se juega con la ironía, porque el acrónimo legal es Promociones Culturales del País Valenciano, y quienes lo impulsan son miembros del Partit Comunista del País Valencià (PCPV). Son bromas de la Transición.

II

Euforias

1

Los chicos habían madurado. En la ciudad de Valencia, los
tiempos de silencio dieron paso al ruido. Ya nada fue igual.
Un estruendo humano surgía como un milagro de las sombras del miedo; los que habían estado mudos comenzaron
a hablar, y los medrosos se hicieron valientes; se disipaban
los fantasmas escondidos en la ciudad asfixiada; aquella
atmósfera lúgubre en la que las confidencias eran cuchi-
cheos y las buenas maneras una imposición constituía un
corsé mental del que muchos comenzaron a despojarse.
Aquella ciudad provinciana, aletargada y sucia, albergaba
una energía vital nunca vista hasta el momento. Se quema-
ban los últimos rescoldos de la revuelta en otros lugares del
mundo, y sus ecos se filtraban por el aire como un virus que
ninguna vacuna iba a poder frenar: el virus de la disidencia
y el deseo de vivir con intensidad más allá del mero existir.

Como los animales del bosque después de un largo
invierno, los artistas y creadores comenzaban a salir de sus
escondites. En una sociedad sumida en el estupor a lo largo de
décadas de infamia, tenía lógica que la respuesta estuviera a
la altura. Había unos deseos irrefrenables de desbocarse en
los anhelos hasta entonces ocultos. Frente al orden establecido se imponía la excentricidad, y nuevos personajes muy
atípicos hicieron su gloriosa aparición.

Un momento estelar, como la filmación de *Orfeo*, fue
la aparición por el legendario Parque de un efebo rubio
de veintidós años llamado Rafael Gassent, un dandi que

aspiraba a hacer cine independiente y preparaba la adaptación de una obra de Oscar Wilde, *Salomé*. La gente hacía cola, en los jardines del viejo Parterre, para subir al microbús que los llevaría al set del cineasta en el castillo de Sagunt, una joya histórica por donde habían pasado desde Escipión hasta el Cid; enclave remoto de celtíberos, dadas su privilegiada atalaya sobre el mar y las sierras que circundaban el golfo de Valencia.

Gassent rodaba allí su delirio en 16 mm. Era un tipo fascinado por la literatura y el cine *pompier* (*Ben-Hur*; «Herodías», de Flaubert; Pierre Louÿs; Cecil B. de Mille), un joven culto que provocaba admiración por sus refinadas maneras y sus ideas. Cuando explicaba lo que estaba haciendo, decía con afectación que su estética estaba influida por *Edipo rey*, de Pasolini, y *Figuras de la Pasión del Señor*, de Gabriel Miró. Las montañas de Benissa son Palestina, y los viñedos de Moraira, las ruinas de Jericó, solía decir.

En aquellos momentos de la movida, en 1971, una película así era un acto de subversión y resistencia, así que convocó a gente interesante, nada convencional. Como en aquel parque y sus estudios todos eran como una familia, una especie de comuna intelectual y estética, que aunaba anhelos, Miquel Navarro, el escultor tímido que trataba de descubrir su camino en la soledad de su estudio, se avino a modelar el busto de Paco Ballester, el agricultor de Bellreguard que interpretaba el papel principal, san Juan Bautista. En ese convoy artístico participan muchos personajes muy creativos, y que con la democracia jugarán un papel importante en la cultura valenciana, como Amadeu Fabregat, el dramaturgo Antonio Díaz Zamora o su hermana María José Díaz, que es productora ejecutiva. Los periodistas Emili Piera y Ventura Melià también están en el ajo, así como el artista Pepe el Persa.

Como le iban a cortar la cabeza, Navarro hizo una máscara en escayola que quedó bastante bien. Personas adictas al parque como María Montes, Pilar Lennon, Evelyn, Jorge el Anguila, Horacio Silva y Miquel Navarro salían en la película. Había dibujos de Beardsley, y la banda sonora incluía a Monteverdi y a Brian Auger and the Trinity. Al final, el cineasta acabó la película, pero no pudo estrenarla en ningún local comercial, así que se hicieron pases privados en librerías, pasando la noticia de boca en boca como se hacía todo por entonces, a hurtadillas. Luego la cinta se perdió, y acabó siendo encontrada años después en los almacenes secretos de la Brigada Político-Social de la Policía.

Ese mismo año, 1971, se publica un sencillo del grupo británico T. Rex, *Hot Love*. La banda londinense, liderada por Marc Bolan, inaugura el *rock* sicodélico y el glam. David Bowie será el siguiente en el corazón de los muchachos. El glam va a tener un papel protagonista en esta década que se aleja de las dulzuras de los Beatles y se acerca a la dureza de los barrios proletarios británicos; ya apuntan maneras los inicios del punk, que aparecerá mucho tiempo después.

El *rock*, el pop, no solo son música y baile; son mucho más. Son un arma de combate para todo el proceso de liberación personal. Son otra señal de subversión. El *rock* alternativo al inicio del lustro bulle con el cine independiente y alternativo y con la transexualidad de malditos como Gassent o Maenza.

El movimiento *queer* se encabrita y da la cara sin tapujos. Está todavía en pañales y ni siquiera se utiliza el término. Pero ya cuenta con avanzados protagonistas. Se inicia la andadura de un grupo subversivo llamado Ploma 2. Jóvenes revolucionarios y transexuales comienzan a afirmar su identidad pese al peligro que eso supone.

En su libro de memorias *Kabaret Ploma 2: Socialicemos las lentejuelas*, de 2020, Rampova, miembro del trío de *locas*, que morirá muy poco después de ver la luz el volumen (sus compinches eran Greta y Clara Bowie), cuenta esos inicios imposibles, tras la muerte del dictador:

> Debía correr el año 1976 cuando, con el nombre de Orgasmo Atómico, un grupo no superior a cinco o seis personas empezamos a hacer pintadas en váteres de los *pubs* progres, como el Capsa 13 (El somni de la teva repressió) [...], y en Gestalguinos, en el barrio Sant Bult, la Xerea; a tirar octavillas hechas en una «vietnamita» con consignas como: «No queremos ser normales, queremos atacar las normas»; «Tu culo es revolucionario: utilízalo», o «Abajo el individuo conformista. ¡Arriba la orgía colectiva!». [...] «Menos fallas y más follar».

Eso acontecía el mismo año en que la revista alternativa *Ajoblanco*, editada en Barcelona, publicó un número dedicado a las Fallas de Valencia en clave sarcástica y crítica.

El escándalo que montó el *establishment* conocido como *búnquer barraqueta* ha hecho historia y se recuerda como un pico de la contracultura valenciana.

Años antes, los artistas Joan Monleón y Merxe Banyuls transgredían las normas más ortodoxas de la subcultura fallera creando el grupo Els Pavesos, una propuesta de música popular, cabaret y despiporre que utilizaba el folclore valenciano satírico para reivindicar país y una manera diferente de ver las cosas. Hasta Joan Fuster les escribió un texto en 1978 para el disco *El pardal de Sant Joan... i la Bolseria*.

Joan Monleón, orondo horchatero de joven y gran *showman*, y la actriz Banyuls, ambos ya fallecidos, impulsan en 1972 su formación festiva (teatro, música, espectáculo, sainete), formada en el corazón de la comisión fallera Corretgeria - Bany dels Pavesos, *casal* progresista, con un pedigrí y una tradición indiscutibles, a los pies del Micalet. En el corazón de la Ciutat Vella.

En un momento en que las comisiones falleras están adocenadas por el franquismo en una cultura de la vulgaridad, el machismo y el conformismo, Els Pavesos proyectan un extraordinario revulsivo en sus actuaciones y espectáculos. Muerto el dictador, su presencia en todos los festivales y *trobades* de la Transición es indispensable; como los miembros de Ploma 2, Els Pavesos, iconoclastas, transgresores, reivindican otra forma de ver el País Valenciano y crean escuela. Se trataba de la recuperación del repertorio popular de una lengua perseguida, y además se convirtieron en un icono gay. La cultura los apoya, y en 1974 el mantenedor de la falla es Vicent Andrés Estellés; Ovidi Montllor y Toti Soler dan un recital de música en el *casal*.

El periodista Xavier Aliaga escribió en la revista *El Temps* que Els Pavesos encarnaban «la idiosincrasia valenciana del *casal* fallero, la *brofegada* y el humor obsceno y de doble sentido». Su número «Horchatera valenciana» se impuso como un *hit* en la fiesta, al nivel de «Paquito el Chocolatero», y desde entonces las Fallas cambiaron.

2

Y entrada la nueva década, la que iba a cambiar su vida, Julián vivió su segunda vuelta de tuerca. Fue una tarde cualquiera del mes de abril. Un joven le miraba sonriente en un extremo de la librería La Idea, en la calle de la Paz. Julián hojeaba un volumen de escritos de Antonio Gramsci, el pensador marxista italiano, y lo percibió de reojo. El tipo parecía un poco mayor. La librería estaba especializada en literatura revolucionaria y Moisés, el librero, era un jipi de barbas canosas que parecía dormitar todo el tiempo, razón por la que sufría el saqueo sistemático de fondos por parte de la muchachada anarquista, que robaba al descuido con el argumento de la confiscación revolucionaria y el de que leer debe ser gratis. El que miraba tendría unos veintipocos años, pelo corto tradicional, sin melenas, y sorprendió a Julián el hecho de que vistiera un abrigo de piel de cachemira, que lucía con porte elegante. Se acercó y, mirando hacia las baldas y afectando indiferencia, dijo:

—¿Has leído *Los cantos de Maldoror*?

Tiempo después, Julián recordaría aquel encuentro como decisivo para los cambios que sobrevinieron y que provocaron la entrada de Antonio Maenza en su vida. Ante la respuesta negativa, el desconocido comenzó a explicar las maravillas de la poesía de Isidore Ducasse, el conde de Lautréamont. Un poeta nacido en Montevideo en 1846 que murió joven en París y se convirtió en un mito de la poesía maldita, más tarde recuperado por los surrealistas. Tras un eufórico cambio de opiniones sobre literatura, quedaron en verse de nuevo, y Eduardo, que así se llamaba el tipo, le dejaría un ejemplar de los *Cantos*.

Hasta ese momento, Julián frecuentaba libros que no incluían la literatura maldita. Desde ese momento, su lectura le explicó la rebelión adolescente vivida y la prioridad de lo imaginario sobre la cruda realidad. Su identificación con el contenido del libro fue absoluta. Y su acercamiento a los seguidores más ilustres del poeta, como el pintor René Magritte y Man Ray, entre otros muchos. Había sido un lector ortodoxo hasta ese momento: el *boom* latinoamericano combinado con las lecturas marxistas. Los encuentros del Parque fomentaban el intercambio de libros. Su amigo Tico le había dejado *Si te dicen que caí*, de Juan Marsé, prohibido en el país; le gustó, pero desde los *Cantos* se abrió camino en su espíritu la heterodoxia más radical.

Aquella fue una formación en que las sugerencias de los nuevos amigos sustituyen a las del padre. Los conflictos paternofiliales se habían agravado en los últimos tiempos;

desde que los resultados de los estudios no eran satisfactorios, su padre había llegado al extremo de prohibirle leer o de apagar la luz nocturna en la habitación. Julián estaba preso del entorno familiar y bajo la autoridad paterna. Tenía que escapar.

En su siguiente encuentro bajo el magnolio del Parque, Eduardo emanaba seguridad en sí mismo y gesticulaba como un actor; tenía un sentido del humor notable y parecía no tener problemas familiares. Le llamaban la Bola, y cuando Julián preguntó por qué, le dijeron que era porque sabía mucho de todo.

Tenía veintiún años; su aura era la de un intelectual conocido en los ambientes, y Julián quedo fascinado al instante. Rafa Gassent era amigo suyo, y otros asiduos al Parque, pero Eduardo Hervás no frecuentaba el lugar sino en contadas ocasiones. Disponía de un espacio propio y eso le convirtió en irresistible. Tenía un piso para él solo en el barrio de Russafa. Un paraíso de libros y discos.

Allí comenzó todo y también acabó, pero entonces nadie quería pensar que los sueños tienen un final triste. Había nacido en 1950, así que le llevaba dos años a Julián, que era del 1952, pero esos años parecían siglos, dada la cultura del joven valenciano. Provenía por línea paterna de una familia de comerciantes, y por la materna, de una rama de la alta burguesía local, con título nobiliario. Su nombre artístico Hervás lo tomó de su bisabuelo materno, un industrial emprendedor que vino a ser un Edison valenciano, según dice el cronista Ballester Añón en la antología de poemas de Hervás de cuya edición se encargó, y que fue publicada en 1994.

3

El piso de la Bola en la calle Pedro III se ubicaba en el entresuelo de una finca que hacía chaflán, con amplios balcones adosados a la fachada y el interior con su pasillo, en cuyos extremos estaban las estancias principales. No era lujoso, sino una típica casa del barrio popular, posiblemente construida en los años cuarenta, en la parte más humilde del Eixample valenciano. La habitación que daba a poniente miraba a un patio de luces, y allí había instalado la Bola su fantástico estudio. Una habitación amplia, con un espacio vacío bajo una lámpara de cristales, que parecía dispuesto para el baile; al fondo, bajo los ventanales frente al patio de luces, una mesa camilla para trabajar, y estanterías y papeles por todos lados. La habitación que daba a la calle tenía una gran cama y un armario; allí dormía la Bola, y procuraba no hacerlo solo.

La Bola tenía esa vivienda como espacio de creación e intercambio intelectual y como picadero. Su talante abierto y provocador, su aura de aguijoneador intelectual, lo habían hecho popular. Participaba en algunos grupos de estudio organizados por estudiantes marxistas de ambos sexos. Tenían el llamado Círculo de Telquelianos. Se dedicaban a debatir textos aparecidos en la revista francesa de pensamiento *Tel Quel*; también leían el *Libro rojo de Mao*. Los telquelianos eran Maite, Eduardo, Luis y la Bola, con edades que oscilaban entre los veinticuatro y los treinta años.

Al inicio de los setenta se había formado la pandilla de los jóvenes malditos: Agustín (el más joven), Merita, Colo, Miguel y Julián, entre otros. La Bola comenzó a funcionar como un chamán entre ellos, un iniciador a un viaje desconocido. Desde el día en que le dejó los *Cantos*, la casa de Pedro III se convirtió para Julián y los demás en una estancia de plena iniciación. Hacia algún tipo de nueva sensibilidad, hacia el descubrimiento de goces estéticos hasta ese momento desconocidos. La diferencia de edad entre la Bola y Julián y sus amigos no hacía más que acicatear la seducción mutua.

Lo más convincente para Julián era que Edi, antes que intelectual, era un sensual hedonista, un amante de la buena y desinhibida vida. Un farolillo romano, que todos los días celebraba la alegría de vivir, como alguien escribió de Truman Capote. Además era un sibarita. Allí descubrieron el té de jazmín elaborado en una tetera marroquí de bronce plateado, y la música nueva de todos los tipos, en la discoteca privada del anfitrión, y la marihuana de Bellreguard que traía en botes de tabaco un cultivador de la Marina amigo de Eduardo. Era la *paisana*, la primera hierba cultivada en el país.

Aquellas fiestas tuvieron un aire de aquelarre, de orgiástico encuentro creador. La Bola oficiaba como brujo y dirigía el sentido de las veladas. Se reunían por la noche y la primera parte la dedicaban a lecturas y diálogos. Ahí comprendió Julián que Eduardo era un poeta; les leía versos de su factura con entonación precisa. En pequeñas baldas se alineaban libros de Rimbaud, Baudelaire y toda la vanguardia maldita francesa, Bataille, Sollers, Barthes y autores que Julián intentaba leer sin comprender. Su manera de hacerlo hasta el momento había sido mecánica.

Edi se dedicaba a traducir poemas de Lao-Tse y a escribir los suyos. Era un fetichista de las cartulinas, los colores, las plumas, los papeles, los cuadernos, los lápices y los tinteros. Marcó para siempre el espíritu de Julián, que deseaba ser como la Bola.

Subrayaban los libros germinales de Freud y Lenin; lo hacían como científicos, pero sin entender una palabra. Ejercían de intelectuales sin serlo todavía. Pero la Bola era tangible, un verdadero intelectual, un renacentista autodidacta que vivía libre y con dinero que gastar, subvencionado por su familia rota. Su madre y su tía vivían enfrente y le cuidaban como a un niño; su padre, separado, tenía un motel en las afueras. El padre de Eduardo era un enigma; *sus madres*, como las llamaba, también. La diversión habitual hasta las tantas de la madrugada consistía en tomar anfetaminas, Dexedrina en cápsulas, que se conseguía con facilidad de los farmacéuticos pasotas, para estimular la charla; un palique que se convertía en sesiones de discos y baile en el diáfano estudio bajo la lámpara de lágrimas cubierta con un pañuelo granate que le daba al escenario un debido halo malvado.

Aquellas hermosas noches funcionaron para Julián como una revelación. Coincidían con su definitiva salida del viejo orden paterno y lo adentraban en experiencias desconocidas. Julián tenía novia, pero la separaba del ámbito de la Bola; en el encuentro de los excéntricos nocturnos no había mujeres.

El erotismo estaba en el ambiente, no se materializaba. La Bola jugaba con la incertidumbre. Un tipo ambiguo. Hacía como que tenía novia, pero le gustaban los chicos. Muchas noches, cuando el grupo de asiduos abandonaba la fiesta, Eduardo podía salir de caza nocturna o bien lograba seducir a alguno de la panda. Con Agustín y Miguel lo consiguió; eran los más jóvenes, y con aspecto de efebos.

Se creaba en aquel piso un universo aparte, alejado de la realidad de la calle; la casa de Pedro III era un fortín frente a la rutina de los días en un tiempo que encrespaba la lucha intelectual y política. Las ideologías radicales se encarnaban en los diversos partidos clandestinos. Julián y los chicos del piso de Eduardo estaban jugando con dos barajas. Militaban en el exterior, pero necesitaban el exceso abstracto del placer narcótico nocturno, la música pop y *rock* que escuchaban colocados con devoción de creyentes.

La Bola adquiría magníficos discos de *rock* americano, desconocidos para la mayor parte, adocenada por las selecciones de las radios. Aquella música sí que era un descubrimiento. Combinada con la marihuana, los efectos eran divinos. Era el hallazgo de un nuevo placer que marinaba las drogas con el disfrute cultural. Algunas noches, bien colocados, se pasaban horas contemplando libros de arte (Paul Klee, Leonardo da Vinci, Vasili Kandinski, Giorgio de Chirico, Man Ray, George Grosz, Guillermo Pérez Villalta, Carlos Saura) y escuchando música minimalista americana de Terry Riley. El músico californiano combinaba bien con el viaje de anfetaminas; su música metálica, sin bordes, repetitiva, rutinaria, causaba ensoñación y alegría.

En una de sus noches poéticas, entró en escena Antonio, el joven moreno llegado de Zaragoza con unas patillas gruesas de bandolero de Sierra Morena.

En las noches de anfetamina y rosas, Edi leía los poemas que preparaba para su libro. Reunida la pandilla de discípulos como en una cofradía de malditos secretos, alrededor de una mesa camilla atestada, escuchaban esa noche decisiva cómo Edi recitaba con pasión contenida sus versos, pedazos de su vida, abiertos en canal y sin concesiones, secuencias de sus delirios que ellos, los más jóvenes, escuchaban con fervor de iniciados.

Azuzados por la euforia y las ganas de disfrutar el momento por las pequeñas dosis de anfetaminas que tomaban, abrían las cápsulas de Dexedrina y distribuían dosis en bolsitas de papel de fumar. Las tomaban como indios amazónicos en sus ritos de ayahuasca. Edi jugaba con el lenguaje y combinaba las palabras con aliteraciones provocadas, y tan importante era el sonido como el sentido. La cadencia.

4

Aquella noche en que apareció Antonio Maenza fue clave porque marcó un punto de no retorno entre Edi y su colega, amigos y enemigos a un tiempo, competidores por el brillo y la excelencia. Edi, rostro arrebolado, sonrisa maliciosa, se puso las gafas y miró a su audiencia con hambre. Sonaba muy suave en el equipo Tangerine Dream: como la de Riley, música perfecta para sus versos, sideral, abstracta, extraña, rompedora. Y no lo suficientemente fuerte como para ocultar su voz:

En el seno de la blanca violencia del semen
Distante y a la vez convocado
Tu cuerpo se dilata
De júbilo tiemblo
Y la carne de mi memoria
Indecible
Cruel como el gesto que rasga sus tejidos

Avance sin quejidos: sangro
Y de la convulsión de nuestros vientres
Abruptamente brota
Una nueva organización de órganos
Surcos trazando la persuasión de otro terreno

[...]

Sin nada que decir te trabajo te engendro

Edi leía sin gesticular, y en ocasiones miraba a Miguel de manera extraña. La habitación quedó en silencio porque se acabó el disco y enmudeció la voz del poeta. Edi estaba enamorado, y era Miguel su objeto de deseo. Julián pensó que esa noche le estaban dedicados los versos. Edi dejó las cuartillas escritas a mano con sus poemas sobre la mesa repleta de libros y objetos varios. Miró a sus amigos.

—¿Qué os parece? Son para mi poemario *Perfecto fuego*.

Todos se mostraron fascinados por los textos, por su intensidad. Pasión, sufrimiento. Furia. Y volvió a leer:

—Este poema es de la segunda parte del libro; se titula «Retorno al deseado». Y dice así.

Dar repetición de la totalidad de entrada
Siempre son dos los que
engendran la escena.
El saber renuncia a su espera
La demora incendia las hogueras
Vivir con quien mejor asume nuestras necesidades
¿Qué deseas de mí?
Gran garganta agarrando la lluvia por sus garras.
Gran guerra dando sangre a un gran orden.
Aurora donde horadar el sol de tus orines
Más duro es el que mira la mirada
Tú no ocupas ningún lugar vacante:
Eres un resbalón.
El placer reflexiona en cadena
Son las bisagras donde tus puertas

Juegan su obertura
Reflejamos la llaga que se ríe de nosotros
La materia: somos su risa

La llaga, la materia, la risa, todo les afecta como el bálsamo de una hermosa plegaria. Edi escribía poesías que eran cartas de un desesperado que se ahogaba en sus contradicciones de amor. Acaso era lo único que le interesaba, mucho más allá de todo. Como un místico en medio del vendaval.

Esa noche siguieron leyendo en voz alta textos de Antonin Artaud y Stéphane Mallarmé. Llamaron a la puerta de madrugada. Era Antonio, quien, nada más descubrir al poeta con sus folios en la mano, exclamó sardónico:

—¿Y esperas que te publiquen eso? Es bastante cursi, por demás, querido Eduardo.

Su sonrisa era la imagen de la desfachatez. No se había quitado el gabán negro que le llegaba hasta los tobillos y lo cubría casi por completo. Comenzó a dar vueltas por la habitación atusándose el bigote a lo Diego Corrientes. Fue entonces cuando Edi se levantó de golpe, tirando la silla, y se abalanzó sobre él. Solo les dio tiempo de caer al suelo enzarzados, pues Miguel y Agustín acudieron al rescate y los separaron. Luego Antonio se abrochó con parsimonia el abrigo y abandonó la casa dando un portazo.

Siete años después, Antonio Maenza, el autor de *Orfeo*, moriría en su ciudad natal, Teruel, posiblemente asesinado por miembros homófobos de la extrema derecha. El mismo año en que se publicó a título póstumo *Perfecto fuego*, de

Hervás, editado en la editorial alternativa Septimomiau. Fue en marzo de 1979 y con una tirada de quinientos ejemplares. Sus responsables eran los también escritores y amigos José Luis Falcó y Santiago Muñoz. Nadie tuvo duda aquella noche de lectura colectiva de que el poemario estaba dedicado a Miguel, pues al inicio se leía: «A JMM». Nadie en el salón de aquella casa imaginó que quedaban pocos meses para que Edi abriera el gas.

Perfecto fuego salió a la luz ocho meses antes de que Antonio apareciera en un charco de sangre en el suelo, frente a su casa en Teruel. La llaga estaba supurando.

5

Julián ya había visto a Antonio con Edi una tarde lluviosa de 1970, en Capsa 13. Apareció Edi con otro tipo de su misma edad, mal carado, moreno y cejijunto, vestido con un raído traje de pana negra y luciendo un pequeño bigote que lo hacía parecer un turco de viaje. Llevaba unas botas de piel de serpiente, las mismas que usaba en ese momento Keith Richards en las grabaciones de *Exile on Main Street*.

—Es un amigo cineasta —le dijo Edi al presentarlos.

Los ojillos del recién llegado al universo de la pandilla no dejaban de bailar. Hablaron de todo un poco mientras Rafa y Luis, propietarios del local, pinchaban música de Sarita Montiel. Podría parecer una horterada en aquel ambiente de muchachos vanguardistas y contraculturales; a esa pareja se le permitía todo. Eran gais y eso justificaba su amor por las folclóricas y la cultura *queer*, aunque en aquellos tiempos de eso no se sabía nada. La Bola y Antonio formaban una pareja singular, como un par de duelistas que siempre se perseguían para embromarse con acertijos eruditos. Recordaban al relato de Joseph Conrad que Ridley Scott llevó al cine.

Por entonces Bartolomé Ferrando pertenecía a la generación de artistas de la contracultura. Amigo de Edi y Maenza, su buhardilla de la plaza de Crespins, tras la Catedral, era lugar de encuentro de los jóvenes rebeldes. Hizo que Julián descubriera a Dylan. En el desván, jugaban a filmar películas provocadoras y abstractas con una cámara casera. A principios de los setenta, Bartolomé buscaba nuevas formas de expresión.

Era un joven muy poco convencional que daba tanta importancia a la filosofía estética de Georg Lukács como a los *blues* de Bob Dylan. Un superviviente nato, pues sus amigos artistas cayeron por el camino.

Ferrando fue creador pionero en la ciudad de poemas objeto e impulsor por estas tierras de la poesía concreta. Comenzó en Valencia a ejercer la subversión del texto poético; en las antípodas de su amigo la Bola, fue un maestro del exhibicionismo y la subversión con su arte de acción, la *performance*, una práctica intermedia del arte de la que estaba lejos Edi, aunque existía una dialéctica de amigos.

A finales de los setenta, Bartolomé se ubicaba en una mesa callejera bajo la torre del Micalet y ofrecía a los ciudadanos sus objetos poéticos. Su compañero David Pérez y él llegaron a vender mil ejemplares de sus poemas objeto.

Más tarde se dedicó a acciones más espectaculares. En su viaje iniciático a Nueva York fue a visitar a William Burroughs y al loft de la por entonces musa mundial de la *performance* Yoko Ono.

Años después dijo:

—Lo que hago viene desde la izquierda radical, como un arte que intenta luchar contra las prácticas elitistas y vanguardistas del mundo. Recuperar a Duchamp, Marinetti, Russolo y Buster Keaton. Es muy sencillo de explicar: el arte ha de ser simple, divertido y realizable por cualquiera.

Colaboró con Carles Santos y Muntadas en Russafa y con Joan Brossa, y luego recorrió el mundo con su arte de acción.

En su libro de 2000 titulado *Trazos* cita a Bataille:

La poesía es una flecha lanzada: si he apuntado bien, lo que cuenta, lo que quiero, no es ni la flecha ni el blanco, sino el momento en el que la flecha se pierde, se disuelve en el aire de la noche: entonces la memoria de la flecha se pierde.

Quizás esa cita era compartida por su amigo Hervás cuando este último escribió un bello verso: «El vuelo excede el ala».

Bartolomé y Edi son jóvenes que en los setenta buscan cosas nuevas. El primero construía una baraja, hecha de cartulinas, cada una con una imagen y un poema como evocación y homenaje a Tristan Tzara, a Duchamp, al

Cabaret Voltaire de 1916, a los surrealistas del grupo Dau al Set, a las acciones de Wolf Vostell, a la música de Steve Reich y Brian Eno. La vendía por la calle.

Su arte era complejo y también sencillo. Como recitar un Om en la soledad de un garaje, o como vender poemas como castañas en un rincón de la ciudad, decía. Era un profesor atípico que impartía temas originales. Sobre el dolor, sobre la insignificancia de la creación, sobre el absurdo, sobre el instante.

El otro raro es Antonio Maenza, el excéntrico al que le gustaba hacer payasadas, y mucho más provocador que su amigo la Bola. Tenía entonces veintitrés años y llevaba ya tiempo en la ciudad. Se hizo amigo de Julián en el acto, eso no se podía evitar. Su avidez intelectual era casi sicótica. Resultó fascinante desde el primer momento.

La Bola y Antonio eran la pareja del año. El segundo vivía en un piso de Juan Llorens que parecía un almacén de libros de tantos que había por todos lados. En todas las habitaciones había estanterías hasta el techo y cada una estaba pintada de un color diferente. El negro para las novelas, el rojo para la filosofía y el verde para la poesía, decía. Era un hombre extraño y tierno a un tiempo; sus ojillos negros de aragonés saltaban cada vez que lanzaba sus discursos torrenciales sobre cualquier tema.

Hizo cine, como Gassent —su legendario Orfeo, junto a la Bola—, pero era caótico. Solían salir a medinear por la ciudad. Antonio era un experto en robar discos. Se metía los elepés de vinilo en la barriga, bajo la camisa, y hasta se los colocaba en la espalda. En invierno era más fácil. Nunca lo cogieron. Venía de su tierra, en Teruel. Tenía el padre un comercio en un barrio del Arrabal y quería que su hijo siguiera el negocio. Pero Antonio había huido a Zaragoza, y allí trabajó con Saura y entrevistó a Buñuel, con lo que traía un halo de prestigio. En su piso enseñaba ufano el camisón de lino blanco que había utilizado Geraldine Chaplin en la escena del puente y el tambor de *Peppermint frappé*.

Para Julián, el tipo de cosas que hacía con los nuevos amigos no eran más que la continuación por otros medios de lo que venía haciendo desde la adolescencia: una contestación imaginaria al sistema que los envolvía. Las travesuras de Antonio le recordaban los tiempos adolescentes en que otros viejos amigos ahora alejados, Frankie y Manolito, provocaban al mundo, cuando paseaban despreocupados y alegres sabiéndose en el secreto. Se pintaban calaveras en la espalda de la cazadora y banderas inglesas.

Antonio y la Bola: parecidos en su densidad, diferentes en maneras de ser. Agustín hacía muchas migas con la Bola. Ambos eran juguetones y desvergonzados. Les gustaba provocar al burgués. Eduardo, el poeta, era más serio. Ambos murieron de forma extraña, destruidos por el sistema.

6

El viaje que se inicia a los dieciocho años tomaba cuerpo en Julián y sus amigos. La decrepitud de la dictadura hacía que hirvieran los cenáculos políticos, la resistencia activa y todos los sectores sociales. Para Julián, Agustín, Miguel y los demás se abrían dos mundos que por el momento avanzaban en paralelo sin tocarse.

El creciente interés por la contracultura y su realidad de sexo, drogas y *rock* tenía un elemento añadido que cada vez se hacía más decisivo. La política y la universidad eran su granero y allí se sucedían las huelgas y las discusiones ideológicas, en su mayor parte librescas. Los libros eran esenciales en aquella vida llena de sorpresas, pero también las fiestas y los excesos, el descubrimiento de una nueva sexualidad, la experimentación con las drogas. Se trataba de un universo lúdico e intelectual clandestino no solo para el sistema, sino también para los colectivos políticos de oposición, en un país con un partido único fascista gobernante, y con una oposición clandestina que era un mapa de siglas políticas.

El elemento clave era la pasión que comenzó a enrolar a muchos excéntricos en los partidos clandestinos. Los jipis más veteranos se mantuvieron colgados de su parra particular, dedicados al creciente negocio del trapicheo de drogas.

Como el amigo del parque, el Anguila, que viajaba a Marruecos con un colega: llenaban su coche con varios kilos de hachís para luego venderlo en Valencia. Tuvieron mala suerte; en una ocasión, cuando embarcaban el coche en Canarias, fueron descubiertos. El viejo amigo fue detenido y condenado, pero se fugó en un traslado, saltando de un *jeep* de la Guardia Civil. Pasó años en el anonimato, hasta que venció su condena y pudo regresar a la vida normal. Eso les pasó a muchos jóvenes de aquellos tiempos.

Otros se comprometieron con la agitación creciente y se alejaron de actividades ilegales. Las disensiones entre la oposición política a la dictadura se reflejaron en la atomización de los revolucionarios en varios partidos pequeños: LCR, MCE, ORT, BR..., y por encima de todos, fuerte como una roca, el histórico PCE, que luego absorbería a sus hijos descarriados. Las huelgas obreras se sucedían y el movimiento de estudiantes era cada vez más fuerte.

Julián se hizo militante de un partido trotskista a principios de 1970. Tenía lecturas a sus espaldas. Había leído un montón de libros de su padre y tenía la cabeza como un quijote marxista. Toda la literatura revolucionaria que la gente había quemado tras la derrota de la República la tenía a mano. Ediciones soviéticas y mexicanas, viejas revistas y folletos de la República que su padre conservaba como oro en paño. Julián leyó con avidez y estaba preparado para introducirse en el imaginario de la Revolución de Octubre. Acabarían con la dictadura para tomar su particular palacio de invierno.

Pero la contracultura y la revolución tenían objetivos distintos; esta última aún estaba lejos, y la militancia de los excéntricos se limitaba a participar en los debates colectivos y en organizaciones de base, como los comités de curso que organizaban las huelgas y manifestaciones. Más allá de la vida real estaban las noches de encuentros sensuales y las experiencias lúdicas.

El inicio de la militancia supuso el fin de la pandilla de hedonistas. En el invierno de 1972 vinieron unos tipos de Barcelona muy serios para tratar de organizar varios grupos que se reunían en sesiones marxistas de lectura de textos. Se trataba de los miembros de la llamada Organización Comunista Bandera Roja (OCE-BR), una escisión prochina provocada por miembros del PCE, como el jurista Jordi Solé Tura. Una organización de breve recorrido que duró hasta 1974, año en el que todos sus miembros entraron en tromba en el PCE.

Las primeras reuniones tuvieron lugar en el piso de Pedro III. Los enviados de Barcelona reunieron a todos menos a Antonio y Agustín. Son demasiado imprudentes, dijeron. Hay que alejarlos de la organización. Así la llamaban: *la organización*. Eduardo se iba a la mili y quedaba descartado. Pero esa mili tuvo consecuencias funestas. Jamás se podrá confirmar, pero se dijo que sufrió un brote de locura en el cuartel y le dijo a un teniente algo que no debió decir.

De la noche a la mañana todos le abandonaron; llegó la orden desde arriba. Hay que aislar a ese tío, que es un peligro. La vieja tradición comunista de la cadena de mando y la exigencia de fe ciega hizo que todos miraran a otra parte. El amigo Edi iba a desaparecer de las reuniones. No imaginaban la tragedia que se iba a desencadenar en el espíritu de Edi, aislado, devorado por la ansiedad y la disciplina revolucionaria. Le llamaron a Barcelona y le espetaron a bocajarro: la clase obrera no te necesita.

Los hechos se precipitaron. Apartado del colectivo maoísta, Agustín, el más joven y radical de la pandilla, ha tomado una decisión. Una tarde de mayo, al anochecer, llama a Julián y se citan en el bar Las 24 Habitaciones, de la calle Bolsería, en el barrio del Carmen. Ambos se piden unas cervezas y suben a la penumbra del altillo del garito de *beats*. Agustín le pide dinero a Julián. Este se lo niega.

—Si no me lo das, te lo advierto, haré algo gordo.

Y el rubio Agustín lo hace. A los pocos días, escenifica junto a un amigo una pantomima de atraco que acaba mal. Pistolas de juguete, pasamontañas. Una comedia en un teatro de la ciudad en plena representación. Un paso que cambiará su vida. Lo detienen, juzgan y condenan. Tiene que huir del país. Julián le financia el viaje y consigue la ayuda de un partido clandestino catalán para que cruce la frontera por el monte.

Y por fin, una noche oscura, Agustín cruza a pie las montañas y entra en Francia rumbo a París, donde iniciará una nueva vida como refugiado político de pega.

7

La noche del 28 de octubre de 1972 Edi, la Bola, abrió las espitas de gas de su cocina en la calle Pedro III y murió asfixiado en la soledad de su casa. Dejó escrito en la pizarra del estudio: «Fue bueno mientras duró».

El suicidio de Eduardo no dejó huella, al menos en apariencia, en el proceso histórico de la pandilla. La actividad clandestina tomaba fuerza, así que se acabaron los tarros de marihuana que venían de la plantación de Bellreguard. Las fiestas nocturnas con los últimos discos de Elton John y B.B. King. Las aventuras metropolitanas por la ciudad.

Desaparecido Edi, se esfumó la vieja camaradería de juerguistas y poetas. Las expectativas de un mundo libertario de creación quedaron enterradas por la ideología de los partidos. La disciplina revolucionaria arrasó con los disidentes.

A partir de la muerte de Edi nada fue como antes para Julián. Un desasosiego creciente le inundaba cada vez que pensaba en ello. Se había encontrado una semana antes con él en la cafetería Junco de la calle Russafa. Les gustaban esas cafeterías, las de la vieja época yeyé: tipo *snack*, del estilo americano, hoy extinguidas, con su aire *vintage* y con barras forradas de plástico, remaches dorados y camareros con chaquetilla blanca y pajarita que agitaban cócteles, como en las películas americanas. Esos viejos bares del recuerdo son memoria viva de otro tiempo, y hoy han sido sustituidos por locales para turistas o franquicias de helados para adolescentes decoradas con colores pastel que venden comida basura y son tan asépticos como una guardería.

Julián y su amigo se vieron semanas antes de la tragedia. Eduardo llevaba su habitual abrigo de piel de zorro negro y entró en el bar quitándose un sombrero de fieltro azul. Parecía contento.

—¿Cómo va todo? —pregunta Julián.

—¿Cómo crees tú? Me han jodido bien, tan solo por un comentario. ¿Sabes algo de hierba? Me he quedado sin nada para fumar.

—No. Lo siento. Además, no tengo ni un duro.

—Antonio ha desaparecido. No me coge el teléfono y no lo encuentro por ninguna parte.

—¿Has ido al Berlín? Siempre para por allí.

—No salgo de casa. Solo leo y escucho música.

Fue la última vez. Eduardo, la Bola, se guardó para sí su última jugada.

Aquella tarde, Edi esbozaba la misma sonrisa pícara de siempre. Recordaba la última sesión colectiva antes de que llegara la gente del partido de Barcelona. Se habían tirado toda la noche leyendo poemas de Mao; luego escucharon al amanecer el *Concerto per flautino*, de Vivaldi, una vez más. Fue una noche memorable; acabaron bailando una especie de vals alrededor de la lámpara del salón estudio. Parecía increíble que el lugar donde tanto habían gozado los amigos fuera el mismo escenario siniestro de una muerte no deseada. Un sacrificio, un ritual. Algo así tenía la manera en que Edi acabó con su vida.

El grupo se dispersó. Julián comenzó a sufrir por el silencio de la pandilla y los intelectuales telquelianos, y no digamos de los comunistas de Barcelona. ¿Era el partido el responsable del suicidio de Edi? Como en los tiempos de las purgas de Stalin, le habían humillado y abandonado hasta el punto de provocar su muerte. Como pasó con Mayakovski,

Meyerhold o con Isaac Babel (aunque estos últimos fueron fusilados).

Edi había contado a Julián la historia de los tres grandes músicos rusos Prokófiev, Shostakóvich y Jachaturián, perseguidos y humillados por el régimen de diversas maneras. Julián recordaba la erudición inmensa de Edi y le rebelaba la idea de que una voz lúcida había desaparecido para siempre. Y un montón de oportunistas y zascandiles, intelectuales de salón y dogmáticos, seguían bailando sobre la tierra.

Un par de años después, Julián tuvo ocasión de comprobarlo en una apasionada historia de amor con una militante del Partido. Ella estaba casada con un dirigente obrero. El adulterio no estaba bien visto en el PCE, y los amantes sufrían persecución; casi los echaban a los leones. La historia de amor de Julián bajo las presiones políticas convirtió lo suyo en una aventura inolvidable.

Ese viaje con Amparo, la mujer obrera por la que abandonó a su esposa legal, en plenas navidades del 76, es una ascensión a las alturas de la pasión y también las geográficas. La pareja sube hasta el Pirineo y el monasterio de Núria en el coche. Hay un piélago de dulces y apasionados recuerdos, como ese conejo a la cazadora que cenan ambos en Jaca, en una noche fría. Siempre estaba el papeo de por medio en esa historia de amor y sexo. También están el vino que los excita y les pone los ojos brillantes, la búsqueda de un hotel... Pero antes, el viaje por los alrededores bajo la luna y el polvo grandioso que pegan en el interior del coche, bajo la sombra de las montañas sagradas de la frontera. A pocos metros de Francia, ellos disfrutan de su juventud y de su pasión secreta.

El suicidio de Hervás estremece a su amigo Jenaro Talens, poeta y editor del poemario del suicida *Intervalo*. Talens fue uno de los pocos profesores universitarios que se interesaron por Edi y Antonio.

Talens conoció bien a los dos rebeldes. Hizo un perfil bastante exacto de esos dos referentes de la heterodoxia valenciana, que pagaron con su vida su osadía y audacia para enfrentarse a todo lo establecido; en un ensayo sobre cine independiente valenciano, *El baile de los malditos*, publicado por la Filmoteca en 1999, declaró:

Cuando le conocí le planteé que saliera del gueto donde se había instalado. Tenía que salir del autismo público y establecer un diálogo por escrito. Terminó *Intervalo* en aquel verano de 1972 y me lo entregó pocos días antes de su muerte. Aquella época era de positivismo cultural en la Universidad y un nulo interés por el debate teórico. Estábamos familiarizados con los textos de Deleuze, Derrida, Foucault; Eduardo y yo éramos suscriptores de la revista *Tel Quel*, que entonces tenía mucho nombre en los guetos intelectuales de Francia. Hervás tenía una intuición animal para saber dónde estaban los problemas a discutir. Sin embargo, la inteligencia era Maenza. Es decir, la lucidez *in extremis* era mayor en Antonio que en Eduardo. Este era un cúmulo de contradicciones que no controlaba, Maenza pudo controlarlas hasta que se le fueron de las manos; por supuesto por la intervención de agentes externos, vía padres o electrochoques. [...]

Maenza, dentro de la locura, era consecuentemente loco y sabía dónde estaban los límites. A mí me pareció una de las personas más inteligentes que he conocido nunca. Antonio veía en la literatura un objeto extraño que era el fantasma del sujeto burgués. Tenía envidia de la capacidad literaria de Eduardo. El cine era una práctica que le iba a permitir ser políticamente más destructivo que con la literatura. Visto esto veinte años después me parece de una lucidez extrema. De alguna forma, estaba planteando las teorías del cine de intervención que siguió, por ejemplo, el grupo Vertov de Godard. Maenza no quería irse por las ramas de teorizar sobre cómo hacer una película; es curioso cómo era capaz de jugar para conseguir financiación. Cómo llegó incluso a filmar una película sin película, haciendo creer que estaba haciendo algo cuando dentro del chasis no había rollo, eso sin que nadie lo supiera, y luego crear el mito de que la película se había perdido en el laboratorio. Y gracias a eso, convertirse en un cineasta con mala suerte para que pudieran pagarle el proyecto que tenía escrito. Es una historia maravillosa. ¿Quién tendría la película? La copia no la tenía nadie porque no existía. Era una versión nueva de *Orfeo* que quería hacer.

Alberto Cardín, citado en la antología de poemas de Edi preparada por Ballester Añón y editada por la Institució Alfons el Magnànim, refleja con bastante nitidez por dónde iban los tiros en la cultura de vanguardia de los primeros años setenta del siglo pasado por la piel de toro:

Intervalo, texto desconocido, las causas de este desconocimiento habría que buscarlas en el silencio que manifiesta la «escena literaria» ante su aparición y en su inusitada condición de inaugurador de una práctica nueva de la escritura aquí en España. Porque no es un texto *como los otros*. El descentramiento que supone respecto al resto de prácticas poéticas que le son más o menos contemporáneas plantea una opción radical de tal envergadura que pocos serán los que estén dispuestos a admitirla, a leerla, a exponerse a su lectura. Paradójico destino el de los textos que se proponen acabar con los secretos de la literatura. A pesar de que la literatura no cae del cielo, los representantes de la ideología dominante se empeñan en seguir mirando el cielo de la literatura, única forma de eludir sus causalidades que se mueven a ras de tierra.

En ese mismo libro, Ballester Añón publicó la última carta de la Bola, perdida entre sus papeles personales, antes de morir. Se titulaba «Las razones para escribir un libro», y decía así:

Las razones de escribir un libro pueden reportarse al deseo de modificar las relaciones entre un hombre y sus semejantes. Estas relaciones son juzgadas inaceptables y percibidas como una atroz miseria.

Sin embargo, a medida que escribo este libro he tenido conciencia de que él era impotente para arreglar las cuentas de esta miseria. Dentro de cierto límite, el deseo de intercambios *humanos* perfectamente claros que escapen a las convenciones humanas deviene un deseo de anonadamiento. No porque los intercambios de este orden sean imposibles sino porque están condicionados por la muerte del que los propone. Me he hallado así ante un dilema más lastimoso que trágico, y aún más vergonzoso que miserable: lo que yo deseaba *ser para otros* excluía el *serlo para mí* y es natural que el que yo quería que se hiciera de mí —y sin el cual mi presencia en medio de los otros equivalía a una ausencia— exige que yo muera, es decir, en términos inmediatamente inteligibles *que reviente. No ser* se ha convertido para mí en una exigencia imperativa de ser y estaba condenado a vivir no como un ser real sino como un *fetus* que se corrompe antes del término y como una irrealidad pobre.

Cuando un día u otro mi actitud se haya hecho inteligible, lo que, según me parece, no puede dejar de llegar, quedará suficientemente claro que esta actitud está ligada a un odio por la autoridad que no acepta la posibilidad de una derrota.

8

Lo de Edi se veía venir. Fue como una muerte anunciada. En realidad, nunca se debieron meter en los andurriales de la política clandestina. El problema es que aquello estaba mal visto. El rollo jipi de los porros y el amor a la naturaleza, las ondas que venían de Woodstock, no casaban bien con el rigor que exigía la izquierda clandestina. La lucha contra el régimen era como una guerra para todos ellos. En ese universo de conspiradores, las almas cándidas, románticas y en cierta forma decadentes no tenían lugar. Edi escribía poesías y estaba componiendo lo que luego sería *Intervalo*, un conjunto de poemas ateridos y escritos al límite, bajo la influencia directa de los malditos franceses: Artaud (*El Pesanervios*), Bataille y Ponge.

El universo «ediniano» se componía de elementos de la cultura occidental y oriental. Era un microcosmos preñado de exquisitos detalles.

Los días posteriores a la muerte de Edi, el partido incrementó su actividad. Había que acudir a reuniones de formación y distribuir tareas clandestinas. Panfletos en las fábricas, asambleas en la universidad. Quién dice esto y quién lo otro. Julián participaba como un zombi en todo aquello.

Los chicos seguían disfrutando. Superados los tiempos del Parque, la diversión se hizo más sofisticada. Se tumbaban en los almohadones estampados de Capsa 13, aquel garito de jipis. Sonaba la lánguida balada de Dylan, «Lay Lady Lay», y la penumbra olía a pachuli y hachís, un perfume y una droga íntimamente vinculados en aquellos tiempos de utopía. Antonio le confesó a Julián un sueño que había tenido esa noche. Soñó que estaba detenido por la policía fascista y que le quitaban las gafas, de manera que no podía leer. Una auténtica pesadilla.

—Podríamos quedar mañana lunes para robar libros —le soltó una tarde por teléfono Antonio sin venir a cuento.

Más allá de su jovialidad, Antonio era un hombre con problemas. Su padre lo había detenido a la fuerza y hasta lo había ingresado en un loquero. Le habían aplicado electrochoques en un siquiátrico. Peor imposible. Él odiaba a su padre, pero de una forma ideológica, por lo que representaba dentro de la estructura represiva de lo que llamaba el estado-familia. Montó un escándalo entre los militantes comunistas y maoístas cuando, siguiendo las consignas de estos últimos, comenzó a pegar en la facultad sus particulares dazibaos criticando la rígida moral izquierdista y planteando una revolución hedonista. Los progres no se lo perdonaban y lo expulsaron de algunos partidos. Eso a él no le importaba. Antonio era un espíritu libre y de carácter provocador; eso le costó caro.

Tras el suicidio de la Bola, su amigo Antonio desapareció de la ciudad. Abandonó su casa de habitaciones temáticas y regresó a Teruel. Julián lo vio por la calle Cavallers por última vez, con su traje de terciopelo negro y pajarita. Llevaba un montón de libros debajo del brazo y su sonrisita sardónica de marca.

—Mi familia me persigue. Me obligan a largarme a Teruel y tengo miedo de lo que pueda pasar. Pero no tengo opción, estoy seco. Además, esto me da asco. Lo de Edi..., bueno, por lo que has contado, son unos estalinistas. El otro día casi me linchan en la Facultad de Ciencias.

Los amigos tomaban un té con leche en Sibaris, un local lujoso en Poeta Querol. Era un sitio burgués que gustaba a los ilustrados e intelectuales del momento. Muy cerca de allí estaba la librería La Idea, de Ignacio Carrión, un tipo flaco como un hidalgo, y con barbita recortada al estilo aristocrático. Pero en aquel año 1972 no había muchos locales para elegir.

Poco después detuvieron a Julián. Le acusaban de panfletear los cuarteles de Bétera desde su coche, y era verdad. Habían ido con su Seat 1430. Lo llamaron a casa y le dijeron que se presentara en la comisaría de Fernando el Católico. Julián llamó antes al mejor abogado de la ciudad, Alberto García Esteve, un amigo de su padre, muy eficaz y temido por el TOP. Un hombre inteligente, irónico y mordaz que había acabado la carrera en prisión.

—No reconozcas nada. Di que te robaron el coche.

En la comisaría olía a sudor y metal de archivadores. En un momento dado entró el temido Ballesteros, un poli de la Brigada Social muy violento. Julián estaba sentado en una silla oxidada; el comisario le puso un puño en el vientre y lo retorció. Ordenó que lo detuvieran para interrogarle. Lo ficharon. Pasó una noche en las mazmorras del sótano. Lo subían a medianoche, sin cordones en los zapatos ni cinturón. Eran tres tipos sin afeitar y sudados. No lo tocaron, eran otros tiempos.

—Dinos algo, que si no te pasamos a los militares, que son peores que nosotros.

Julián aguantó. Al día siguiente los llevaron al juzgado. El juez, mirándole de arriba abajo, lo dejó en libertad sin cargos. Su comentario fue sardónico:

—La policía sostiene que el subversivo era un tipo elegante; no creo que usted lo sea —dijo sonriendo el magistrado.

Y Julián llevaba el mismo traje que durante la acción en los cuarteles de Bétera. Se libró de una buena.

9

Por aquel tiempo, la política ocupaba sus vidas. Los jóvenes se organizaban en seminarios de marxismo que daban los más enterados. Dichos seminarios seguían las pautas de los teóricos del momento: Marta Harnecker y Louis Althusser. Funcionaban la infumable vanidad intelectual y el taimado carácter de quien controla la información, así como la competencia sobre quién sabía más o era mejor estratega para organizar una protesta; quién podía expresar mejor las ideas. Y estaban los que eran capaces con su labia de levantar a la gente; esos tipos surgían espontáneos, y eran seguidos sin problemas por el resto de militantes.

Y con todo, el cine siempre estaba presente en sus vidas. Otra fuente de placer. Era ya tradición que el día de estreno de una película interesante o esperada, todo el mundo oficiara un ritual cinéfilo. Tenían salas favoritas por su decoración. En ocasiones, el vestíbulo del cinema Eslava era una fiesta. Todos los lunes, cuando llegaba la película esperada de moda, en el amplio salón con lámparas de lágrimas y sofás forrados de terciopelo rojo, el juego de espejos orlados de pan de oro reflejaba una multitud de jóvenes encantados de encontrarse de nuevo. Era un ritual que se repetía todas las semanas, y allí se daban cita sin avisar Julián y sus amigos: Agustín, Miguel, Pilar, Horacio.

Una noche de estreno, Miguel estiró la manga de la cazadora de Julián.

—Mañana por la tarde hay reunión de célula en casa de Juan.

Juan era el nombre de guerra de uno de los responsables políticos de la organización OCE-BR, el grupúsculo que seguía las directrices prochinas que venían de los partidos maoístas de París. Tenía obreros organizados en Barcelona; en Valencia, solo eran estudiantes.

Todo venía de Francia, donde había libertades políticas y la gente se movía con mayor holgura. Los libros, los discos, los folletos subversivos, pasaban la frontera y luego se acumulaban en las trastiendas de las librerías de la ciudad. Uno entraba en el comercio de aspecto inocente, y con una elevación de cejas le hacía saber al dueño que quería algo prohibido. Acto seguido el dueño señalaba una escalera y se bajaba a un sótano repleto de ejemplares de editoriales soviéticas. Eran ediciones de obras de Lenin, Marx y Engels, y ediciones chinas traducidas del *Libro rojo de Mao*.

La actividad clandestina estaba regida por una disciplina férrea y exigía a los militantes discreción y compromiso a partes iguales. La película era interesante; ellos se la pasaron cuchicheando intrigas y planes para lo que expondrían en la reunión del día siguiente en la *célula*.

Pocas semanas antes de la muerte de Hervás, miembros de la organización maoísta de Barcelona habían llegado a la ciudad para montar una célula de militantes con los telquelianos. Tenían formado un seminario de estudio de marxismo sobre el libro *Lire le Capital*, de Althusser. Eran petulantes en su papel de enterados. Gente leída, y por entonces eso era una buena moneda de cambio en aquella sociedad elitista de clandestinos. El grupo.

10

A la salida del cine, la tradición mandaba ir a tomar algo a la barra de la cafetería Barrachina, en el centro de la ciudad, y tocaba el recorrido por el Capsa 13, donde los modernos se reconocían. Ellos, los revolucionarios clandestinos, iban a cambiar las cosas.

Salieron del local Julián y Miguel, un poco achispados tras tomar unas cervezas con granadina, de moda por entonces. Vivían en el barrio de Russafa. Habían rebasado la plaza de toros y caminaban por la acera paralela a la estación del Norte. No repararon en un Seat 1500 de color gris que se puso a su altura a mitad de la calle Castellón. La policía secreta.

Bajaron dos hombres del vehículo y enseñaron su placa.

—A ver, documentación: documentación, chavales. ¿Qué hacéis a estas horas por aquí?

No se asustaron en exceso y mantuvieron una actitud fría. Un policía cincuentón y de aspecto grasiento tras su bigote, vestido con una chaqueta cruzada del mismo color que el coche, espetó a Julián:

—¡A ver, tú, melenudo!, ¿no te da vergüenza parecer una chica, so maricón?

Agitaba su DNI, y lo abanicó bajo las narices de Julián, que se había puesto pálido.

—¿No respondes?

La bofetada resonó en la calle y dejó a todos estupefactos. Por un instante, nadie dijo nada. Luego los policías devolvieron los documentos a los muchachos y se subieron al coche. El del bigote y el bofetón sacó la cabeza sonriente por la ventanilla del copiloto.

—Andar a casa, mamones. Esta es vuestra puta noche de suerte, maricones de mierda.

Se apresuraron, palmeándose la espalda y celebrando su suerte. Si los hubiesen registrado, habrían descubierto un libro de Lenin en el bolsillo de Miguel.

—¿Cómo cojones te traes ese libro para ir al cine?

Miguel sonrió:

—Es por si me aburría con la película.

11

Los maoístas de Barcelona eran tres, dos hombres y una mujer. Todos treintañeros, y parecían bastante resueltos. Ella, con un pelo a lo afro, llevaba la voz cantante.

—Aquí nada de nombres reales. A partir de ahora, a cada uno se le asigna un nombre de guerra para futuros encuentros —dijo la chica.

—Yo soy Sergi —dijo uno de los de Barcelona—. Seré vuestro contacto. Lo que queremos es que, bajo el responsable político que será Lisardo, aquí presente, os integréis los tres en una célula para acciones clandestinas. La discreción ha de ser absoluta. En este piso pondremos el depósito de propaganda. Por el momento, vuestra tarea principal será la de distribuir la revista de la organización, *Guardia Roja*, en las facultades donde estudiáis. Este será un piso franco.

El catalán era un tipo bien parecido. Rubio y esbelto, llevaba gafas de diseño y parecía venir de una familia bien.

Antes de morir, había algo en la mirada de su amigo la Bola que resultaba enigmático y que Julián no llegaba a entender bien. La mirada de Eduardo tenía algo de desafiante, algo que a Julián le pareció vagamente sexual.

Hay una historia oculta, que jamás salió a la luz, y son los encuentros entre Edi y Miguel. En todo caso, fue un asunto entre ellos y nadie le dio importancia. Pero aquella relación fue como un vendaval en el corazón de los dos amigos.

Agustín ya no estaba entre ellos. Ahora ejercía de buscavidas en París. Sus amigos le echaban de menos. Rubio, guapo y activo, era un tipo muy creativo. Tenía una mano estupenda para pintar. Era un desastre en los estudios; pintaba de maravilla.

Su padre le compró un equipo completo y le animó a matricularse en Bellas Artes. Pero allí solo se estudiaba a Sorolla, y lo que le gustaba a Agustín era Picasso. Copiaba los cuadros del malagueño con una perfección admirable. Comenzó a ganarse unos cuartos pintando el *Guernica* y *Las señoritas de Avignon*; luego vendía las copias a los amigos izquierdistas de su padre.

El Calo era el más grande de la panda, en tamaño. Fue un niño gordo; más tarde había adelgazado y abandonado su antigua imagen, aunque como secuela le quedaron los pliegues de grasa en la barriga, de manera que sus colegas se reían al verle tres barrigas. Era el único que procedía de una familia conservadora de la España profunda. Luego se hizo más papista que el papa. En los años siguientes, Calo llegaría lejos en el partido, porque sabía hablar en público. Le llamaron Pico de Oro y lo hicieron responsable político. Luego vieron que era un oportunista.

La organización, tras montar la célula en Valencia, propuso una visita a Barcelona para recibir instrucciones y recoger la propaganda clandestina que se tenía que distribuir en la ciudad. Se decidió que irían Julián y Tico en el coche del primero, un 1430 de dos carburadores que era la joya de la corona de la organización en Valencia. Por entonces nadie disponía de un vehículo; Julián, sí. Edi tenía un Simca 1200; estaba ya descartado por la organización, y por entonces le quedaban pocos días de vida.

La visita de Julián y Tico a Barcelona tuvo como aventura la incursión de ambos amigos en el barrio chino. Tico insistió a Julián para ir a ver si contrataban los servicios de unas profesionales en el Raval, junto a las Ramblas: un zoco moruno, de ambiente barriobajero y canalla, con marinos yanquis de uniforme blanco paseando y navajeros acechando en las esquinas. Las mujeres fueron una atracción que dejó lelos a los muchachos. Las había jamonas y de buen ver; también las había casi ancianas y decrépitas, que vivían sus últimos días en la calle.

Tiempo después, la visita de Julián a Barcelona tuvo otro sesgo. Más agradable. Con su enamorada Amparo. Una noche, después de una cena suculenta, se adentraron los dos en el Raval y entraron en un local surrealista en el que bailaban ancianos al son de una orquestina también compuesta por matusalenos, como en una película de Fellini.

Allí, la pareja se prometió amor eterno y se dijo que cuando pasaran los años, volverían a aquel lugar a recordar esos momentos de plenitud. El tiempo pasó, llovieron sobre la historia chuzos de punta, pero jamás regresaron. Tampoco podrían haberlo hecho en el mismo lugar, porque aquel garito sideral desapareció. Ese barrio del Raval de Barcelona siempre tuvo para Julián un aire metafísico, casi irreal, de sueños inconclusos y aventuras imaginarias.

Los enviados de Barcelona seleccionan a cada uno según van viendo su eficacia. Tienen buen ojo para escrutar quiénes de ellos serán buenos soldados de la causa, obedientes, y quiénes de los otros no son fiables, porque son expansivos y muy juerguistas. En la organización es anatema tomar drogas, aunque se permite el alcohol en las reuniones.

En casa de Julián (ya casado con su novia Lolita, a la que conoció en Capsa 13), lujosa y amueblada a la última sin reparar en gastos, pues la paga el suegro, las reuniones de la organización están siempre acompañadas de una botella de coñac Torres 5 Años, quizás porque es un coñac catalán, y en homenaje a los dirigentes de allí. Los muchachos ocultan sus tendencias a los dirigentes serios; en privado, hacen de las suyas. Tras la muerte de Edi, ese era el nuevo piso franco.

En realidad, la organización ha separado a dos grupos: el de las mujeres, todas amigas y camaradas del instituto de chicas, que ahora son universitarias, y el de los hombres. El partido clandestino continúa reproduciendo los viejos hábitos del machismo inveterado. Y, sin embargo, el grupo, en sus relaciones personales, actúa con el espíritu contracultural que los unió en el viejo Parque que ya es historia. Y con todo, muchos de ellos continúan con un pie en la contracultura jipi y otro en la militancia.

Eso llevaba sus riesgos. Un día que tenían una reunión de célula en el piso, Emilio, otro gran tipo hoy desaparecido, y Julián, horas antes, compraron un trozo de hachís al Anguila en la plaza del Arzobispo, uno de sus enclaves metropolitanos favoritos. Se fumaron un canuto en la calle. Más tarde, en plena discusión política, Emilio se puso pálido y tuvo que salir pitando a devolver en el lavabo. El comisario político de turno quedó mosca con el asunto, pero no llegó a descifrar la verdad. Aquellos militantes estaban colocados.

En pocos años, los amigos se separan por causas ideológicas. Ahora, en plena dedicación al partido clandestino en 1972, quedan lejos las aventuras del antiguo grupo de amigos formado por el Anguila, Frankie y Manolito, la primera panda adolescente de Julián, antes del tiempo marcado por la Bola y Antonio. Son los que se juntaban a deambular por las calles, con quince años escasos, y se vestían con camisas de los colores prohibidos.

12

Ulises es el líder porque ha leído el primero a Nietzsche. Y en las fiestas que se realizan en la casa paterna de Julián, en la Gran Vía, Ulises, un único amigo excéntrico que no tiene novia y se ha inventado su nombre, se dedica a hacer estrafalarias demostraciones de provocación. Es el primer *performer* del momento. Cada uno de los chicos se encierra en un cuarto con su pareja respectiva, y Ulises, que se queda fuera, los provoca, irrumpiendo en las habitaciones de los encamados, desnudo, con un aro de metal en la polla y la cara pintada de indio.

Esas primeras fiestas de adolescentes se acaban cuando llegan los padres al atardecer y pillan a toda la patulea medio borracha y con el mueble bar de los adultos saqueado. Entonces era el alcohol lo dominante; no habían aparecido todavía los espiritosos jipis, como el kif o la marihuana.

Cuando Julián y Calo se licencian de la mili, ya nadie se acuerda del suicidio de Edi, y Antonio ha desaparecido. Dos semanas después, y vuelto a la vida civil, tiene lugar una reunión en casa de Julián donde el antiguo grupo maoísta se dispone a disolverse. Ha llegado un responsable del partido de la Universidad; se trata de Ernest, un recién licenciado en Sociología. Están todos alrededor de la mesa circular del salón de la casa; una cristalera inmensa da a una terraza en la que verdean diversas plantas.

En la pared, cuadros de Klee y Kandinski, y un cartel con una foto de Pepe Meneses, el cantaor flamenco comunista; y en una estantería rectangular de cuatro metros que ocupa toda la pared, la fastuosa colección de elepés de Julián, con sus discos de *blues* y pop. La música que el difunto Edi le descubrió en su momento. Pero ahora ya nadie habla de Edi. Eso es tabú. Lo que tiene que decir el camarada Ernest es más importante que nada. La organización echa el cierre. El responsable explica en pocas palabras que ha llegado el momento de que la izquierda una fuerza. Es el año 1974 y el PCE está a punto de legalizarse.

—La única salida que tenemos todos los militantes antifranquistas es ingresar en el partido obrero más importante que tiene el país, el Partido Comunista de España. Tiene la organización y la fuerza suficientes para liderar la ofensiva final contra el régimen. Tenemos ya el contacto con los responsables del PCE en la ciudad. Esta reunión tiene por objeto votar la disolución. Luego cada uno decidirá si está dispuesto a ingresar en el partido.

Alguien pregunta cómo va a ser ese ingreso.

—Los responsables tendrán una entrevista individual con cada uno de nosotros y valorarán su posición y aptitudes para integrarse en los distintos frentes de lucha.

Esa tarde en casa de Julián se decidió el futuro político de los amigos. Todos votaron lo mismo y aceptaron ingresar en el PCE. Era ya cuestión de tiempo que las cosas cambiaran.

Para ese viaje no hacían falta tantas alforjas, piensa Julián. Los líderes disidentes vuelven al lugar por donde habían empezado. Una política de bucle.

Julián despidió a los camaradas y quedó pensativo. Su mujer lo miraba interrogante.

—No me gusta esta historia. Me parece un poco estirado ese responsable político. Teníamos esperanzas de buscar una alternativa a lo que llamabais el revisionismo del PCE y ahora todo el mundo agacha la cabeza y entra en el redil. Para mí que esos dirigentes de BR de Barcelona tenían mucho morro y nos engañaron cuando hace dos años nos metieron a todos en el ajo.

Julián piensa que no le falta razón a su mujer.

—Pero no tenemos opción si queremos seguir luchando contra la dictadura. Que es lo importante. Veremos cómo va la cosa. Por el momento, salgamos esta noche a cenar a un chino y nos divertimos un poco. Vamos a fumarnos un porro.

Julián pone en el tocadiscos el último disco de B. B. King y ambos vuelven a estar en su ambiente propicio. En realidad, saben que les queda poco de estar juntos porque la militancia los ha distanciado. Y pronto Julián se enamorará de Amparo y descubrirá el sexo auténtico. Se ha casado demasiado pronto y eso desencadenará la crisis que cambiará de nuevo su vida. Pero para eso quedaban aún unos años. Tenían que ser protagonistas del fin de la dictadura y lo fueron.

La mañana del 20 de noviembre de 1975, Loli zarandea a Julián dormido.

—Despierta, dormilón. Estamos de fiesta. Franco acaba de palmarla.

13

Los años siguientes aumenta la actividad política de los muchachos. Pero la disolución definitiva del régimen autocrático supuso también la del matrimonio y el estilo de vida de Julián. No solo se separó de su mujer y se lio con una camarada del partido, sino que Julián vivió esos años como la cuenta atrás que le llevaría a la segunda muerte de los pioneros: la de Antonio en 1979.

Aquellos setenta de la Transición supusieron un cambio sustancial en la visión del mundo de Julián. Estaba cambiando de piel sin casi darse cuenta, porque la política que había sido sagrada desde el principio de la década comenzó a adquirir un sesgo aburrido y demasiado sencillo. Ya no había un monstruo fascista contra el que luchar. Las cosas eran más sutiles, y comenzaron a aparecer los que en el futuro serían los políticos profesionales de la democracia.

Un invierno, Julián encuentra a Antonio por la calle Caballeros. Su conversación quedará grabada como una premonición de lo que no tardaría en llegar.

Antonio no es un desencantado; nunca se hizo militante ni se creyó las historias del discurso marxista-leninista. Y era el más radical de todos.

Se sientan en una mesa del bar Lisboa, que se ha convertido en el templo de los nuevos modernos, intelectuales de salón y periodistas de nuevo cuño.

—¿Cómo te va, Julián? Me han dicho que escribes en la prensa.

Antonio sonríe con su cara de niño malo, bajo su bigote a lo Groucho. Le da un sorbo a su Coca-Cola. No bebe porque está en tratamiento de pastillas antidepresivas.

—Pues lo tienes fatal, viejo amigo. Porque así vas a llegar poco lejos. Los mejores puestos y oportunidades las van a tener los que hablan valenciano. El viejo sueño internacionalista está muerto y enterrado. Agustín se ha exiliado a Francia. A ti, como periodista, te marginarán por eso; eres demasiado brillante escribiendo y el periodismo no es literatura, es un puto oficio como otro cualquiera. El periodismo es un cuento y sirve para coger poder. El cuarto poder de mierda.

Antonio se echa a reír; Julián lo mira pensativo. No puede aceptar sus palabras, porque sigue ciego en busca de una profesión que no tiene y que debe consolidar.

—Puede que sea así, pero, tío, necesito un empleo y ganar dinero. Ya no tengo padres que me mantengan, y me he separado de mi mujer y se lo he dejado todo a ella. La casa, el hijo, los libros y hasta los discos.

—Los discos, ¡estás loco, con la magnífica colección que tenías! Yo me las piro a mi tierra. Mi hermana me ha desalojado del piso y he podido escaparme del loquero de Bétera de puro milagro. Tengo que regresar a vivir con mi padre. Tengo miedo, amigo. Antes de que me vaya te llamo y vamos al cine. Quiero que veas una película que me interesa mucho.

La última vez que Julián y su amigo Antonio disfrutaron juntos en la ciudad de Valencia fue la noche que fueron a ver *El quimérico inquilino*, de Roman Polanski. Una historia extraordinaria y terrible que era un cuento de Roland Topor. Antonio la comentó entusiasmado. Al cineasta frustrado que había sido, el gurú del cine *underground*, la cinta le parecía una premonición de su vida. Los hechos posteriores confirmaron aquella impresión.

14

El mundo alternativo gira en torno a los nuevos garitos: Stones, Genesis, Barro, Berlín, Golem, Yes, Turat, La Tardor, L'Aplec, Babia, Bilitis y Anomia, al otro lado del río seco, un local con dibujos de Topor sobre la barra. Enigmático, un poco lúgubre, hijo putativo de Capsa 13.

Aparecen dos bares significativos, al pairo de Capsa, o mejor tres: el Golem —un poco excéntrico—, Berlín y Stones. Estos dos últimos en la calle Alta, que se va a convertir en la arteria principal por donde correrá la sangre intoxicada del barrio. También está Christopher Bar Lee, que, impulsado por los chicos de Capsa 13, deviene icono de lo retro, lo *vintage*, el buen gusto y el cine. Hay también diferencias estéticas y de clases en los *pubs* emergentes. Los chicos ilustrados frecuentan esos bares de gusto satinado y decorados decadentes y mitómanos.

De todos esos locales nuevos que crecen como hongos —centros malditos; no políticamente subversivos, sino refugio y cueva de disidentes éticos, melenudos—, el *pub* Anomia posee un aura especial, tan totémico para la heterodoxia y el malditismo valenciano como el ficus del Parterre.

Menos famoso que Capsa 13, aparece al mismo tiempo que el bar del Carmen en la calle Ruaya. De hecho, lo inaugura Nacho a finales de los años sesenta, y posee el atractivo del local *outsider* por excelencia. Ubicado al otro lado del río, hay que cruzar el puente de la Trinidad o de San José para llegar a él, en una calle marginal, sin asfaltar y con una ringlera de acacias centenarias, pues la zona fue antes huerta; todo ello confiere a Anomia un carácter especial: es un refugio, un agujero alejado de la moda del barrio del Carmen.

Un rincón perfecto para desviarse en la ciudad y fumarse un porro sin problemas. Un local con las paredes forradas de corcho marrón oscuro para aislar del ruido, y con los ya citados dibujos de Roland Topor, con el tiempo amarilleados por la nicotina y el humo prohibido; imágenes sobre la barra de madera que suscitaban un aquelarre malvado salido de una imaginación calenturienta, como si Antonin Artaud o Charles Baudelaire hubieran susurrado a Roland Topor la forma imposible de sus bestias y monstruos, caprichos de un Goya del siglo XX.

En las paredes de corcho había pósteres de figuras malditas del *jazz* como Billie Holiday, Bill Evans y Charlie

Parker; un gran *collage* en la pared con referentes musicales del momento. El local, que tenía hasta uno de los primeros billares americanos de la ciudad al fondo, era más grande que Capsa 13. Y en la barra había alguna que otra chica subida de tono, chicos oscuros y los cartones de Marlboro, que se pasaban bajo mano a mil pesetas. Anomia estaba fuera del mundo, y nunca sabremos por qué le puso Nacho ese nombre, porque el hostelero murió.

Los jipis puros, los primeros consumidores de caballo, gustan de reductos discretos, como Berlín, un bar inspirado en Lou Reed y cuyos dueños son iniciados en el rito de la droga. Aún no es pandémica ni se sabe nada de enfermedades o contagios: todo eso vendrá después. Por el momento, en el Carmen, es cosa de niños bien. Circula la famosa blanca, la thai, traída por los viajeros desde el Triángulo de Oro.

Y comienza la experiencia salvaje en el barrio, azuzada por la explosión de creatividad del mundo del espectáculo y del *rock*. La sociedad en transición hacia la libertad es como una olla a presión. Las drogas provocan los atracos y la ciudad comienza a convertirse en un *thriller* entre el desmadre roquero y el trapicheo. El Carmen es su plató principal, y una colonia de traficantes gitanos se instala en el barrio para hacer más fluido el negocio de la heroína. La clientela está cerca porque el *pub* Stones, ubicado en los bajos de una torre de pisos que ya no existe, se convierte en la meca de esos primeros yonquis.

En un caliente anochecer de agosto, la calle Alta de los setenta es un zoco turco animado por los ritmos que salen de los *pubs*, las guitarras de los vecinos gitanos que animan la calle y las patrullas de la Brigada 26, una policía local dedicada a repartir palos a los jóvenes rebeldes. En la puerta de Stones, al atardecer hay tumulto de jóvenes de ambos sexos. Algunos se han pinchado caballo en los lavabos y salen a la calle a arrojar sus vomitonas. Es uno de los efectos más sorprendentes de la droga. Se mete uno un pico, se vomita, y se sigue hablando con los amigos como si nada hubiese sucedido. Los no iniciados alucinan por un tubo.

Crecen como setas las tiendas de moda, con Francis Montesinos a la cabeza, que importa camisas indias, y las tiendas de discos de importación, traídos de Londres por un moderno llamado Miguel Siurán, otro personaje rompedor que se reinventará como editor y periodista musical en los años siguientes. Los tatuajes aún no han hecho su aparición. Visto desde aquí, todo es un poco igual que ahora, pero un poco más cutre.

Tráfico de drogas, peleas, persecuciones, colocones, subidones de adrenalina en los nuevos espacios de diversión. Los *pubs* son decorados con imaginación creciente. Es la sicodelia.

Los collares; los aceites esenciales de moda, como el pachuli; todo muy de India, de Ibiza. Y por encima de todo, la reina marihuana, que se abre paso inexorablemente. Y los viajes con el ácido lisérgico. Es una forma de ver las cosas mientras se derrumba poco a poco la dictadura política. La ciudadanía joven empieza a resolver las cosas por su cuenta. La policía no se entera mucho. Y las calles del barrio son un espacio de libertad.

La feria de las vanidades se arruga cuando se produce una muerte en la calle de Santo Tomás, justo en la esquina del Refugio de la calle Alta. Un asunto de drogas. Atracadores que habían ido a pillar, casi quinquis que van de pipa por la vida. Un tiroteo en el centro histórico, más de lo que se puede soportar en esa época. Los traficantes son barridos por la policía; el campo de batalla que dejan es desolador. Mueren en esos años dos tercios de los jóvenes oriundos del barrio, de familias trabajadoras.

15

Los setenta se escapan a toda leche y algunos de los lugares primigenios ya no llaman la atención. Yes, Stones, Club 29 y otros pasotas languidecen en beneficio de una nueva ola, una nueva moda. La democracia que llegará en los ochenta pondrá en la onda otro tipo de movida, pero con más enjundia.

A finales de la década se abren espacios para diversos públicos: el Café Malvarrosa, de Tomás March y su compañera Salomé, un foro para poetas, intelectuales y políticos que tomarán pronto el poder, como Ciprià Císcar; y, un poco más lejos, el *pub* Almudín, junto al edificio histórico del mismo nombre, el almacén medieval de grano de la ciudad, que reúne a todos aquellos que no quieren ni poder ni política.

También están los roqueros: Bustamante, Remigi Palmero, los Dugan. Músicos virtuosos e imaginativos, que saben hacer *blues* del bueno. Y el garito es odiado por la extrema derecha resentida por la muerte del dictador, así que una mala noche, cuando suena *Rock'n'Roll Animal* de Lou Reed a toda pastilla y la peña liba feliz sus espiritosos, los fascistas dan un susto más en la ciudad, e irrumpen en el *pub* con una pistola que parece de juguete, sembrando el pánico. Sin consecuencias.

Almudín fue un bar de pequeños burgueses alternativos que poco tenía que ver con los intelectuales del Café Malvarrosa. Pero así eran los tiempos de finales de los setenta —el sueño a punto de acabar— y lo que iba a llegar: el intento de golpe de 1981 y el triunfo arrasador del PSOE en 1982 barrerían de un plumazo los matices. Los locales siguieron su marcha, pero ya nada fue igual.

A final de la década, el Carmen ha quedado destrozado por las drogas. La historia de los Platini es la de una saga familiar numerosa de obreros y menestrales del barrio viejo, destruida por la heroína. Tres hermanos, una hermana y hasta el padre. Todos enganchados desde el tiempo de los gitanos. Caen uno a uno.

Hay un abismo de clase entre, por un lado, los contraculturales pijos que escuchan a Bowie en Berlín y a Earth, Wind and Fire en Golem y, por otro lado, los que abarrotan el Stones y otros garitos más crudos: la heroína sin control se ceba en ellos. En los más vulnerables, faltos de cultura.

La paradoja es que los pioneros, que también caen como moscas, son los hijos de papá del Eixample que han viajado a las islas o a Oriente. Los hijos de la clase media se inician en la heroína y los proletarios recogen el guante.

Hay calles que son las venas de un cuerpo hedonista que desplaza al pairo, dando carácter. La calle Sagunto es una de ellas; la del Gobernador Viejo, otra; y también hay que contar con algunos márgenes del río, donde se ubica el *pub* Babia, con excelentes vistas a las torres de Serrans.

Esta historia tiene un dibujo espacial que es como un corazón al que fluyen varias venas. El corazón es el Carmen, y las venas son Velluters —con sus garitos de travestis y Ploma 2—, la Xerea —con sus garitos canallas— y, extramuros, la calle Sagunt y Les Tendetes. Esta es la ruta de los elefantes, los viajeros de Samarcanda.

Un muchacho se desangra entre dos coches de la calle Santo Tomás. Los que pasan tienen miedo. Se siente una bulla de gente. No hace ni media hora que alguien asestó cuatro navajazos en el estómago del que se desangra. El chaval no tiene más de diecinueve años y su intención era robarles la heroína a los narcos vendedores. Al chico se le ha puesto la cara gris cuando se ha acercado la policía. Los narcos han desaparecido, pero un grupo de mujeres chilla a la pasma:

—¿Qué clase de mierda de maderos sois que dejáis que pasen cosas así?

En una esquina de la calle Alta, la que linda con Santo Tomás, un Mil Quinientos negro de la Secreta con cuatro hombres dentro observa la escena sin mover un músculo. El jefe de los estupas, un bujarrón perverso que se tiñe la peluca de rojo, les ha ordenado ver y callar. Garrido, comisario desde hace un año y falangista de pro, sabe que su gente ha permitido la entrada en el barrio de dos kilos de heroína al 60 por ciento llegada de Sevilla. Los estupas se conocen al dedillo a cada familia romaní que ha ocupado el barrio. Pero dejan que la cosa funcione por una cuestión de limpieza social, dicen ellos. A los de la comisaría de Fernando el Católico les interesan más los jipis y comunistas del barrio que los traficantes de caballo y hachís.

Pero ese asesinato sucedido a las tres de la tarde del martes 12 de julio de 1976 puede ser la gota que colme el vaso. En el barrio por la noche todo es alegría. Los gitanos y los payos compadrean en la calle Alta al son de las guitarras flamencas. Triana está de moda. Y la zona se ha ido poblando de *pubs* para jipis. El Stones, en el bajo de un edificio que años después será derribado por ser un bodrio arquitectónico, es la madre de todos los trapicheos. Allí huele a pachuli, marihuana y vómitos de yonquis. Los pandilleros lo cuentan así:

—El caballo era invisible. Quienes lo usaban lo tenían como su mejor secreto. Les ponía tan a gusto y era de tan buena calidad que se creían los elegidos. Los consumidores eran de dos clases, los niños pijos que venían de la Gran Vía a comprar y nosotros, los currantes del barrio de toda la vida. Teníamos tanta droga ante las narices que fue imposible evitarla. A los dos años, los chavales comenzaron a caer como moscas. Unos por sobredosis y otros muertos a tiros por la pasma en los atracos.

Por otra parte, el comisario Garrido, ajustándose el peluquín en medio del mugriento despacho de la jefatura donde se ubica la brigada de drogas, se justifica así:

—Nosotros, como usted comprenderá, controlamos los pisos en los que se vende droga. Pero si los cerramos todos podemos crear un pifostio de mil demonios. Además, los traficantes nos sirven de confidentes para el asunto de los atracos.

Garrido es un policía viejo y de mirada desagradable, falsa; pero siempre sonríe, y ahora muestra al periodista las vitrinas donde exponen las drogas. Como si fuera un experto, va señalando los frasquitos ridículos donde se guardan pequeños trozos de hachís, marihuana o anfetaminas. La estrella del escaparate es un trozo de alfombra.

—Venía empapada de cocaína desde Colombia. Los trincamos en el aeropuerto.

16

Existe una delgada línea roja que separa los destinos de los jóvenes rebeldes de esos primeros años setenta: es la posición ante la heroína y su aparición en los ambientes restringidos de la ciudad. Antes de funcionar como una pandemia a mitad de la década, el caballo, el polvo blanco, ya circula por las venas de algunos iniciados muy seductores. Los dueños de ciertos locales como Berlín en el Carme o Golem en Xerea ya lo consumen en secreto. Funciona la propaganda de la experimentación con las drogas; es un banderín de enganche a la modernidad y la transgresión, tan apetecibles para escapar de la mediocridad del cotidiano franquista. Drogas y música. Trance colectivo de indios metropolitanos.

Más tarde hemos sabido que las drogas y la creación han estado íntimamente ligadas. Los músicos de *jazz*, Charlie Parker, Miles Davis, los *bluesmen* del sur, tantos y tantos. Y hasta ahora, con muertes como la de Michael Jackson o Prince. Actores y actrices. Una orgía de adicciones por entonces secretas y hoy mediáticas.

Las puertas de la percepción, los mensajes de los viajeros del Dharma que llegan de Oriente, la pose de los venerados iconos roqueros como Reed o los Stones... Si ahora, en el segundo milenio, los decrépitos y avariciosos Stones han suprimido de su repertorio la canción «Brown Sugar», en el momento de su creación funcionó como un banderín de enganche. Azúcar marrón, una clase de heroína de origen turco, y más barata, distinta a la blanca del Triángulo de Oro.

Es sin duda el creciente compromiso político con el antifranquismo y la necesaria clandestinidad lo que aleja a la pandilla de la letal droga. En el tumulto de la contracultura, en ese universo alternativo que escenifican Woodstock, la isla de Wight, las revistas catalanas como *Star*, los cómics pasotas y otras delicias, la heroína se ve colando entre muchachos y muchachas que dan la espalda a la política y los partidos clandestinos.

A las puertas del final de la dictadura, los rebeldes tuvieron su Woodstock de andar por casa, el Canet Rock, en el verano de 1975, en Barcelona; fue un encuentro multitudinario organizado por la mítica sala Zeleste del Born de Barcelona e inspirado en el festival de Woodstock de 1969, en el estado de Nueva York, y en el festival de Wight de 1968, al sur de Inglaterra: una experiencia magnífica, ante las mismísimas barbas del franquismo agonizante.

Con las actuaciones de Pau Riba —ciego de LSD y desnudo, obsceno en el escenario—, Sisa, la Companyia Elèctrica Dharma —que poco después vendrá a la Societat Coral El Micalet de Valencia a oficiar un concierto histórico—, la Orquestra Plateria, Lole y Manuel, Maria del Mar Bonet, Jordi Sabatés..., es decir, de toda la contracultura que bullía en Barcelona y que abrazaban como agua de mayo los rebeldes valencianos, el Canet Rock concentró, en sus dos primeras ediciones, a más de 40.000 personas, con sus tiendas de campaña. El dictador, la bestia de El Pardo, vivía todavía en 1975, aunque ya estaría muerto al año siguiente; la Guardia Civil paseaba por entre las tiendas de los jipis en plena noche sin intervenir, a pesar de que el aroma de la marihuana flotaba entre los pinos.

Eran tiempos de drogas duras y blandas. Y sin embargo, la disciplina marxista, el imperativo categórico de estar alerta ante la represión policial, hizo que lo que hemos dado en llamar la pandilla, Julián y sus colegas, se alejasen de la droga dura, pese a seguir con las blandas, menos peligrosas y que pueden integrarse con facilidad en la vida cotidiana, de los estudios y la actividad clandestina. En cierta manera, esta les funcionó a los muchachos como una droga potente. Los convirtió en protagonistas de la historia.

La contracultura, la moda sicodélica encarnada en imágenes multicolores, objetos, ropa y todo tipo de *gadgets*, hace mella en los jóvenes. Si bien la heroína no ocupa espacio en sus consumos de ocio, en su experimentación con sustancias entra de lleno el ácido lisérgico, conocido como LSD.

Esta generación de rebeldes se acerca a la droga alucinógena con bastante precaución, y sus experiencias con ella serán contadas. En sesiones secretas, compran la llamada *micropunto* y se toman la mitad de una dosis. Con el ácido lisérgico no se puede jugar. Sus efectos son espectaculares y muy gratos para la diversión.

Una tarde de otoño, Julián, Emilio, Miguel, Agustín y otros se toman un ácido y se van a la feria de Navidad de la Alameda. Sus efectos tardan en manifestarse, y aún lúcidos, se suben a una noria. Allá arriba comienza el viaje que los deja perplejos. El primer síntoma es una euforia desmedida que los hace reír como locos. Luego llega un mundo líquido de colores, como si todo a su alrededor se derritiera en corrientes de lava volcánica. Si lo tomas de día y miras las nubes del cielo, estas se mueven como gusanos en cabriolas imposibles. Es la sicodelia que se refleja en los discos del momento de Jimi Hendrix, como *Electric Ladyland*, o en el *Abraxas* de Santana.

Un viaje de ácido no puede hacerse en cualquier sitio. La actitud de abandono y catatonia síquica que provoca exige estar arropado por los amigos y no tener testigos ajenos. Los muchachos lo saben bien porque en una ocasión, de viaje lisérgico por la ciudad, de pronto se topan con una manifestación política y su paranoia se dispara. Corren despavoridos a esconderse de esos camaradas que se manifiestan porque sería imposible, en ese trance, tratar con ninguno de ellos. El ácido produce una sensación de extrañeza y distanciamiento respecto del ambiente exterior y cotidiano. Estás en otra dimensión.

Para tomar ácido hay que estar bien preparado y no tener ninguna obsesión en la mente. Todo ha de ir como la seda, y en ocasiones un mal viaje puede ser catastrófico.

Con el LSD todo es sorprendente, es intenso, y baila uno al borde de la locura, como bailó Isidore Ducasse en sus cantos demoníacos. Por eso lo toman en pisos: para poder explayarse, como chamanes indios. Los rostros se transforman ante el espejo y no es raro verse por dentro. Julián recordará siempre esos tiempos en que vio su calavera reflejada en el cristal del baño.

El lugar ideal para el LSD era la naturaleza, los espacios abiertos. Por eso la pandilla viajaba al castillo de Sagunt para sus experiencias. O a algún lugar montañoso. Fueron situaciones formidables y muy divertidas, pero eran conscientes de estar bailando al límite, sobre la cuerda floja de la conciencia. Y fueron funambulistas que no se atrevieron a ir más lejos.

Combinaron la experimentación con las drogas con la actividad clandestina. Y salieron bien parados. Al poco, cuando las cosas se pusieron más serias, dejaron el ácido lisérgico por completo. Fueron pioneros también en eso. Las minas de lápiz o los secantes. Y sin embargo, otros se quedaron colgados para siempre al abusar de la sustancia.

El Pepe fue un chico de unos veinte años que paseaba por las calles del barrio antiguo con una sonrisa imbécil eternizada en el rostro. Se pasó con el ácido, decían. En este siglo, las metanfetaminas, la MDMA, el éxtasis, el cristal y otras sustancias han sustituido a aquel alucinógeno tan potente. Lo han suavizado, y lo que los chavales llaman ahora un tripi, poco tiene que ver con aquellos primeros ácidos de los setenta.

El LSD, inventado por el químico suizo Albert Hofmann en 1943, lo utilizaron no solo los jipis, sino los ejércitos y los sicólogos. Se tomó mucho en Vietnam, como cuenta Francis Ford Coppola en su mítica película *Apocalypse Now*. El ejército de los Estados Unidos lo utilizó en los años sesenta, experimentando con los soldados que enviaba a Vietnam. Como conejillos de Indias. En los cuarteles de marines, antes de viajar al frente, se suministraba ácido a los reclutas y se les ponía en la mano un fusil. En simulacros de batalla, se observaba el comportamiento de los reclutas bajo los efectos de la droga: qué soldado soportaba el subidón y quién arrojaba el arma. Los primeros, agresivos, eran los que interesaban al mando.

Puede parecer un cuento de ciencia ficción. Pero así fueron las cosas. Como cuando décadas después la CIA introdujo el *crack*, base de cocaína, en los barrios de afroamericanos de las grandes ciudades para financiar la Contra nicaragüense en la revolución de 1979. Las drogas que prometían liberación fueron utilizadas por el perverso sistema capitalista para domesticar conciencias.

Hubo usos útiles, como los del psiquiatra británico Ronald David Laing, que lo utilizó con esquizofrénicos y sujetos con trastornos mentales. Laing escribió libros que fueron de culto entre los antisistema. Sus teorías y ensayos revolucionaron el ámbito siquiátrico y social. Fue, cómo no, combatido por la reacción y el sistema capitalista.

Tras el alegre eslogan de sexo, drogas y *rock*, se esconde el hálito siniestro del desconsuelo, la destrucción personal y la muerte. La lucha clandestina salvó a los chicos y chicas de esto. Otros desaparecieron para siempre de la historia.

Había que saber leer bien a Alan Watts y todos los gurús orientalistas. La búsqueda del zen, la lectura del *Siddhartha* de Hesse y las canciones de The Velvet Underground y los Stones llevaban implícitas una rebeldía que hacía muy atrayentes los narcóticos. Ver más allá. Como los indios amazónicos de la ayahuasca. Todavía hoy se llevan a cabo sesiones secretas de toma de alucinógenos. Controladas por un iniciado. Vulgarizado como una moda estúpida para pijos. Pero en aquellos años del siglo pasado donde todo lo extraordinario era positivo, los jóvenes experimentaron a pelo. En crudo. Por vez primera. Y les salió bien de milagro.

III

Decepciones

1

Una madrugada de invierno del año 1979, Antonio Maenza yacía tirado frente a su casa en medio de un charco de sangre. Tenía la cabeza rota. Lo trasladaron con urgencia a Zaragoza, donde murió al poco tiempo a causa de las heridas. Sus amigos pensaron enseguida que había sido asesinado por fascistas locales por ser diferente. La versión oficial es que suicidó. No hubo investigación, no hubo sumario. El cineasta desapareció de la historia. Se esfumó de la memoria de la contracultura. Y esa fue la espina clavada en el corazón de Julián, el último de los amigos que se preocupó por él. La búsqueda de la verdad comenzó a ser una obsesión. Sus intentos de investigar el asunto siempre se postergaban. Pasaron los años.

Con la idea de escribir un libro en el verano de 2012, Julián viajó a la ciudad mudéjar en busca de respuestas.

—No hay suicidio ni sumario, amigo Julián; no hay más que un parte médico que certifica la muerte como neumonía hospitalaria. Así que nada te van a decir los juzgados o la policía. Si alguien lo sabe, se lo calla, y han pasado muchos años.

Licer es una persona que sigue los pasos de su amigo desde hace tiempo. Por simple curiosidad, dice. Ha averiguado lo suficiente como para hacer una película. Ahora le explica a un atento Julián, en la terraza del Óvalo, frente a la escalinata mudéjar, los pormenores del día fatal.

—Lo descubrieron a las ocho de la mañana bajo su casa. Estaba inconsciente sobre un charco de sangre, así que

llamaron al SAMU y se lo llevaron a un hospital de Zaragoza. Desde el principio se consideró un accidente, así que no
hay ni parte policial. Saber qué pasó esa noche es un enigma, pero hay dos detalles inquietantes: uno, tenía el cuerpo
lleno de hematomas, además de la herida en la cabeza; y
dos, hacía unos días un facha conocido le había pegado una
tunda en el barrio de marcha de la Zona. En la plaza Bolamar,
frente al *pub* Straight.

Julián alucina con las nuevas informaciones. Las nove-
dades se acumulan. Pepe Licer valora el estado sicológico
de su viejo amigo como elemento que hay que tener muy
en cuenta. El carácter de Antonio, aislado de sus amigos,
encerrado en su mundo, podía ser imprevisible. Además,
habían sucedido varios hechos esenciales en su vida reciente,
según Licer.

—A mi entender existieron tres circunstancias que tras-
tocaron la estabilidad emocional de Antonio y le hicieron
seguir el camino del precipicio mental: la muerte de su
amigo el poeta Eduardo Hervás, suicidado en Valencia con
gas unos años antes; la muerte de su madre, y, sobre todo, la
pesadilla de la mili para un anarquista como él. Tres razones fatales para desesperarse. —Ahora el que habla es otro
hombre preocupado por el enigma de Maenza: Álvaro Barea,
el peliculero de Zaragoza, ha investigado porque quiere
hacer un documental. A fin de cuentas, era un hombre de
cine, como Antonio.

Antonio fue un pionero del cine independiente en España, colaborador de Saura y Pere Portabella, y un montón

de cosas más. Vicente Molina Foix le dedica un capítulo entero en su novela *El escritor de cartas*. Tenía talento de sobra. De hecho, la historia de la vanguardia cultural de Valencia en pleno franquismo le debe mucho. Por esa razón tiene un puesto privilegiado en esta memoria sentimental. Al acabar sus estudios de cine y haber realizado un par de cortos independientes en Zaragoza, el joven de veinte años se salta su ciudad y aterriza en Valencia, provinciana y triste como Teruel, aunque menos, porque hay más gente. Su fuerte personalidad, su histrionismo, su locuacidad y su empatía natural atraen a su alrededor a un buen grupo de amigos.

Álvaro cuenta a Julián los avatares de aquella cinta, y luego explica a su visitante su versión de la muerte:

—Yo creo en el suicidio. Mi teoría es que cuando se enteró de que su padre tenía un cáncer terminal y se iba a quedar solo sin su tutela, él temía que lo encerraran en un loquero, como ya sucedió en el pasado.

Hablan sobre la versión oficial de la muerte y la prohibida, la imaginaria. Que lo asesinaron con alevosía un grupo de niñatos fascistas, señoritos bien de la ciudad a los que Antonio, en su inconsciencia infantil, invitó a una fiesta en su casa. Pero esa versión ya no se sostiene, pues es más posible que sufriera una agresión en la misma calle.

Julián se despide del cineasta y pasea por las callejas de la ciudad aragonesa, que le llevan a un caserón de aspecto de película de terror, como un set de Tim Burton; muy parecido a la casa de Norman Bates en *Psicosis*. Contempla su aspecto retorcido, con balconadas muy historiadas, con adornos de flores y gárgolas en hierro forjado y cúpulas triangulares de inquietante aspecto. Y con una aguja cortavientos con la imagen de un diablo en todo lo alto. Los nuevos aires del siglo XXI lo han restaurado, y ahora es un moderno centro social para desarraigados. Julián piensa en la sonrisa sardónica de Antonio bajo su bigote a lo Groucho.

Su mente viaja al pasado, al momento del impacto emocional. Y entonces ve, como en una película de cine mudo en blanco y negro, la escena espantosa, la decepción y el dolor sentidos en aquella noche del siglo anterior, recién llegado en su coche desde Valencia, para encontrarse con su amigo en el *pub* Spirit, justo a los pies del edificio de Norman. El *pub* Spirit, cueva de jipis tempraneros.

Era el final de aquel invierno de 1979. Iba a recoger a su amigo para llevarlo al pueblo, como otras veces, y Oswaldo, dueño del bareto y conocido como el Poeta, le dio cuenta de la muerte violenta de su amigo común, apenas unas semanas antes. Y de que todos temían que lo hubiesen asesinado.

—Lo han asesinado unos hijos de puta —dijo con ojos extraviados el Poeta, mientras sonaba *The Rise and Fall of Ziggy Stardust and the Spiders from Mars*, de David Bowie, en el local con olor a pachuli—. Lo han matado por subversivo, por maricón. Se la tenían jurada los fascistas locales, eso fue —le cuenta iracundo el Poeta a Julián mientras le sirve un *bourbon* doble en la barra de brillantes azulejos del local, rodeados de jóvenes a lo suyo.

Después de aquel invierno, Julián se olvidó del asunto. Se dedicó a sus cosas. Y es ahora, en 2012, cuando se le mete en la cabeza escribir un relato. Pero la pequeña encuesta de Teruel resulta un fracaso. Y sin embargo tiene que escribir algo, porque lo ha apalabrado con un editor valenciano. Está en un lío, enredado en un *thriller* sin final.

2

El manto de silencio que siguió a la muerte del turolense fue significativo. Tenía treinta y un años, y el artista, el anticipador genial, había desaparecido sin dejar rastro. Ante la absoluta indiferencia de sus conciudadanos. Un chico del que Buñuel había dicho que tenía futuro. Pero sus amigos le habían abandonado hacía mucho tiempo.

En 2010 Carles Candela, joven cineasta, quiere realizar un biopic sobre Maenza. Julián le ha dicho que es necesario que hable con el poeta Leopoldo María Panero, muy amigo de Antonio, y también que visite a Agustín, que lleva años instalado en París y ha rehecho su vida tras aquella fuga precipitada en el siglo anterior. Pasados los años, su delito prescribió, y Agustín ya puede viajar a España sin peligro alguno. Se ha casado con una francesa y trata, como Julián, de escribir algo interesante. Candela se comunica con él, que tuvo una relación muy tormentosa con el bardo Leopoldo, quien ahora está ingresado en un siquiátrico de Canarias. Agustín le contesta en estos términos:

Cher Carles, recibí tu carta. Me encantará si logras ir a Canarias y filmar a Leopoldo, porque sería uno de tus *pesos pesados* en el documental, aunque, conociéndolo, todo dependerá —si acepta— del primer instante. Asunto de minutos. De si le caes bien nada más verte o te coge inquina dependerá el éxito de tu viaje. En eso es imprevisible. Y, ya cosa *adivinable*, también según en qué humor lo pilles. Si normal, sacarás algo genial; si *aristotélico*, chasco asegurado, y te encontrarás con unos metros filmados de berreo e incomprensión sin interés alguno, más algunos insultos sin proporción alguna con ninguna realidad. Pero si vas, sé valiente y no te dejes impresionar. Leopoldo, como los mejores espíritus, lo que más detesta son las falsas virtudes, peores aún —como sabes y decía san Agustín— que el vicio. Todo salvo la mistificación del personaje. O cualquier tipo de admiración.

Por cierto, a Leopoldo me lo presentó Maenza un mediodía inolvidable en el jardín de la Glorieta, bajo ese árbol centenario de ramificaciones enormes que hay frente a una gasolinera (que no sé aún si está, la gasolinera), y de ahí nos fuimos a un bar, cerca de Capsa (que fue *antro ancestral* de la ciudad del murciélago), y asistí al diálogo más *patafísico* que he tenido el placer de presenciar en toda mi vida. La lucha duró dos horas. ¡Ah, Eduardo Montaner! Gran monje de la orden de los benedictinos valencianos. Que luego de profesar con gran severidad el método dialéctico científico del mundo, se hizo jugador de póquer profesional, durante una época en que... (Recuerdo una partida un verano en casa de mi hermano, que nos peló a todos con su sonrisa de monje ambiguo; ¿aún la conserva?).

Luego, tras múltiples y misteriosas peripecias socioculturales, se hizo budista. ¿Lo sigue siendo? El hombre, sin embargo, me sigue cayendo bien. Hace quince años que no lo veo.

Y cuéntame algo de Fernando: ¿cómo le va? ¿Quedaste contento con lo filmado? Ya te dije que, a causa de una tontería (pero bastante grave a mis oídos filosofantes, como decía T. Bernhard), no nos hablamos ni escribimos desde hace ya diez años. Sé de él un poco por Toni Moll, y poco, pues con el tiempo todo se distancia... [...]

Has de conseguir ver a Merita, muchacho que, ese sí, se parecía de joven a Isidore Ducasse, de buena familia (tenían un palacio), y se vestía con ropa de muertos en una tienda (que ya no existe) junto al museo de cerámica, donde los familiares de algunos difuntos saldaban su ropa. ¿No es extraordinario? Y en aquella época su elegancia era fascinante. Merita fue un poco (pero si lo ves no hables de eso, o evócalo de forma inteligente, sin arriesgarte) amante de Hervás, y conoció a Maenza, aunque fuera de pasada, y algo te dirá. Aunque la existencia da muchos giros (e impone muchas renuncias, no todas justificables, por supuesto), y cuando vino con su mujer a verme a París hace años, ya no era el mismo, ni la tercera parte del muchacho romántico y poético que era cuando fuimos amigos y compartíamos guardilla, e incluso (casi) una novia guapísima, cuyo padre era del Opus y propietario de la mitad de los cines de Valencia, y más tarde de varias tiendas de objetos de decoración. Al final fue mi novia, pero su padre, al enterarse de lo que yo leía (la tonta se lo contó), la sacó a la fuerza del colegio y de la ciudad en pleno curso y la envió como interna a una escuela de monjas en Santander. ¡Terrible! Luego se casó con un dignatario del PSOE y se compraron un piso de gran *standing* a cien metros de mi casa familiar de infancia en Gran Vía Germanías. ¡Qué cosas, ¿no es cierto?!

Ahora que lo pienso, podrías haber preguntado a los entrevistados qué pensaban, ellos, de la homosexualidad de Antonio, la cual, desde mi punto de vista, era especial, quiero decir, *inasexual*, pues... Hubiera sido interesante ese punto de vista psicológico, ya que así como Hervás sí lo era totalmente, Maenza parecía querer serlo, más que serlo en la realidad. Su sexualidad a mi entender era *metapsicológica* (no es una pedantería, hazme confianza, sé de lo que hablo), un poco como la de Leopoldo, pues, en lo que yo pude observar y cuando viví con él su seducción gay, no pasaba de un delirio gestual (aunque jamás de «loca»), como una especie de simpatía al límite de la histeria que impedía, de todas formas, pasar seriamente a cualquier acción tipificada y concreta de ese tipo. Yo bailaba tangos con él y bebíamos sidra en su terraza y nos reíamos como niños malos. ¿Es eso ser homosexual? Es cierto, muchas noches me llevaba a bares por Valencia terribles. ¡No te puedes ni imaginar a los garitos que me hizo entrar a altas horas de la madrugada! Helaba la sangre. Era como atravesar la puerta de otro universo. Yo creo que estaban prohibidos (ten en cuenta que Franco aún vivía), pero eran como cuevas, y él conocía las consignas (aún recuerdo uno: El Dominó Rojo, creo), lugares *cutres* y horteras de un *kitsch* indescriptible. Garitos de *maricas* tan *maricas* —¡pero cuidado!, donde iban camioneros, camareros, trabajadores ferroviarios, etc.— que en realidad bebíamos una cerveza y salíamos pitando. También a él, al cabo de un momento, le asustaban aquellos lugares. Iba a buscar... no sé. Luego se pasaba horas hablándome de lo que *había visto*. Yo creo que Maenza jugaba con las ganas de serlo totalmente, pero si era gay, lo era en su deseo sádico de algo imposible [...]. Aunque, evidentemente, este tema es muy complejo. En todo caso, nunca fue *homo* o *gay*, como más adelante yo he tenido la ocasión de conocer, incluso entre varios «importantes» y muy intelectuales amigos (en Madrid). De ahí mi curiosidad por entender la opinión de los demás (es algo que nunca pregunté a nadie, ni tampoco hace falta, claro está). Ha sido, de repente, que me hablaba solo.

A Toni Moll has de verlo también, insisto, pues te podrá decir, ya te dije, algo *de verdad*. Ten en cuenta que, como sigo pensando, cuando se vuelve al pasado, los «recuerdos pantallas», más el miedo y el reprimido y sus temores timoratos o interesados, esconden la verdad de los hechos, y las mentiras toman el poder. Pero supongo que eso ya lo sabes.

Bueno, es tarde en París y empieza a nevar.

Ha sido una manera de charlar contigo un poco. Estaba esta noche algo melancólico. Mañana te envío lo serio sobre el filmar(me) en París, pues ya tengo decidida mi propuesta como condición.

Candela hizo su documental, y lo tituló *Materialista, idealista, cinematógrafo, magnetófono, buen chico y sádico*. Lo presentó en el festival Punto de Vista de Pamplona en el invierno de 2016. Pasó sin pena ni gloria, si exceptuamos una reseña en *El País* de Tommaso Koch. Los malditos no venden.

3

Octubre de 2012. Ciudad de Valencia, zona centro. Muy cerca de Poeta Querol; la Milla de Oro, la llaman. Les gusta el sitio porque se puede fumar. Unas mesitas en el callejón medieval de la calle Ruiz de Lihory, límite de la ciudad árabe y la judería. Una zona fronteriza. Los dos amigos reunidos tras el regreso de Teruel de Julián. De vuelta de sus inútiles pesquisas sobre la muerte de Maenza.

El bar se llama Las Moritas y hace chaflán con la calle de la Paz, modernista y ruidosa. La única desventaja de la terracita es el estruendo de los coches que los ensorda y los hace sentirse en una charla de mudos. En el otro extremo del callejón con nombre de pintor y poeta está la plaza de la Universidad, aséptico espacio cercano al claustro de la Nau, la antigua universidad, muy querido por los dos contertulios por sus aventuras revolucionarias en sus años jóvenes.

—Así que has vuelto con las manos vacías...

Ovidi lo dice con sorna y se echa al coleto un trago de su carajillo ya frío. Es un maestro de escuela retirado. No tiene más de sesenta y cinco años, pero lo jubilaron con una buena pensión hace tiempo, por disidente con el sistema y por tener una visión avanzada de la docencia que no cuadraba con una sociedad conservadora.

Es su espina, pero no tuvo nada que objetar. Ahora ejerce de sociolingüista y sobre todo filósofo, pensador. Dedica su vida a la lectura de textos de ciencia y filosofía de todo tipo. Es cinéfilo compulsivo, de esos que se abonan a la Filmoteca y no se pierden una. Es capaz de verse una película de Luis Buñuel o Woody Allen media docena de veces. En ocasiones, se duerme en el cine.

Se ha presentado con un traje a cuadros marrones y verdes, una camisa rosa y una corbata verde que tuvo tiempos mejores, lo que le da el aspecto de un jovial vendedor americano de coches usados. De los zapatos se preocupa poco, y los lleva cubiertos de polvo como si lo hiciera a conciencia. De torpe aliño indumentario, como Machado, posee una elegancia algo *grunge* y extravagante, y también tiene la cabeza muy bien amueblada.

No es el tipo de persona que mira a la gente de abajo arriba. Es un socialista. Suele salir de casa con la bragueta invariablemente abierta. Pero no es cicatería sino evasión, despiste de sabio. Con su alegre tono indumentario, es como un maestro de ceremonias del Circo Price. Ovidi es un sabio y un conversador nato. Sabe mucho psicoanálisis y es el típico amigo entrañable que da consejos útiles.

Julián bebe un quinto de cerveza. Es un buen acompañamiento para la ración de ensaladilla rusa que siempre les trae gratis la camarera mexicana.

—Lo que he conseguido en Teruel es un montón de teorías y ninguna respuesta creíble. Conjeturas. Como el perfil incierto y falso de una leyenda urbana. Y ha pasado la tira de tiempo. La gente ya no quiere recordar —explica Julián dando pequeños sorbos a morro a su birra. Ovidi escucha con atención.— Imagina que al final encontré a alguien que me habló de la última y más alucinante versión del suceso. Influido por la película *El quimérico inquilino*, de Polanski (que, lo que son las cosas, vimos juntos aquí, en el cine Xerea), organizó una fiesta en su casa. Colocados con hongos, a Antonio se le ocurrió travestirse e imitar al personaje de la película. Y sí, se tiró a la calle de esa guisa, completamente ciego, pero no desde su balcón, sino desde la azotea adonde subió.

En esa película, de 1976, el personaje cae bajo la influencia del recuerdo del suicidio de una mujer que tuvo lugar en su mismo piso años antes. Se le cruzan los cables y se tira a la calle travestido. Lo fuerte es que no se mata: se levanta y vuelve a subir las escaleras malherido, se repinta los labios arriba y se vuelve a tirar. Y esta vez sí. Fin de la película. Fin de Antonio. ¿Y por qué nunca se habló de que iba disfrazado? Es eso, otra película que jamás sucedió. Más mentiras.

Ovidi pide otro carajillo y salta de alegría.

—Ese sí que es un final de novela. Pero la verdad es que tú no tienes novela. Tan solo es una historia más para ilustrar con un poco de morbo tus dichosas memorias de los años setenta. Has venido peor de como te fuiste.

A su amigo le brillan los ojos. Nació en un pueblo con mente y ademanes mundanos. Su lema es sentirse como si estuviese en París, aunque se esté tomando un café en un local de los Campos Elíseos. Es un hombre que tiene la cabeza llena de libros y proyectos. Su problema es dejarlos siempre a medias. El pensamiento es su pasión y vive fuera del mundo. Es un Diógenes metido en su barril; un viajero alrededor de su mesa camilla. Elogia al *flâneur*, el hombre que pasea indolente y observa al prójimo como pasatiempo inofensivo.

Con Ovidi da gusto conversar. Lanza su discurso y luego escucha. Enlaza a tal velocidad unas ideas con otras que es difícil seguirle en muchas ocasiones.

Los dos amigos abandonan el bar. Ovidi propone subir a su estudio cercano para leer los últimos diálogos que está escribiendo. Los describe como misceláneas. Frente a la puerta, emplea sus buenos cinco minutos abriendo cinco cerrojos con un manojo de llaves de sereno que lleva en los bolsillos. El piso parece un almacén de libros; hay tantos diseminados por doquier que es como si rugieran.

Los muebles reducen el espacio vital. En un cuarto, una cama deshecha; en otro, cajas de cartón sin desembalar con más libros. Es un salón con una mesa camilla, una cómoda gigantesca que ocupa tres cuartas partes del lugar, un pequeño equipo de música, un ordenador y un sofá de cuero blanco. Si uno quiere sentarse en el sofá, debe apartar de un manotazo las pilas de libros de todos los tamaños, y también libretas escritas y folios desperdigados. Es un caos espectacular que su hacedor controla. Es obsesivo-compulsivo, y cuando entramos, se apresta a cerrar otra vez los cinco cerrojos. Julián lo contiene.

—Perdona, siempre me olvido de tu claustrofobia...

»—No es claustrofobia, es el temor a no poder escapar con rapidez de un lugar si hay una emergencia. Por eso en los cines me pongo en la butaca que da al pasillo.

Julián coge de una estantería una foto enmarcada de un hombre con boina y faja de labrador.

—Es mi padre. Me enseñó cosas.

—¿Como cuáles?

—A trabajar.

—El mío no. Era un contemplativo y tenía un trabajo odioso en una oficina. Era un poco como tú. Al final estaba en otra galaxia. Te contaré algo.

» "Ser de izquierdas es considerar que los males sociales no son biológicos y, por lo tanto, no son necesarios", solía decir mi padre, hombre viejo y sabio y con tres cuartos de siglo de brega, vencido por el franquismo. Fue un pacífico pensionista que trabajó de oscuro burócrata en una oficina siniestra; escondía dentro de su magín polvoriento un espíritu rebelde de filósofo situacionista, de hondo calado. Jamás viajó más allá de la segunda manzana de su domicilio, pero sostenía que había dado la vuelta al planeta desde la biblioteca de su escritorio.

Lo más interesante del asunto es que mi padre tenía un armario en su habitación que era un delirio. Era uno de esos armarios acristalados en los que uno puede contemplar, aun cerrado, todo lo que hay en sus estantes interiores. Como un escaparate, era mucho más: una necrópolis privada de recuerdos metafísicos y estrambóticos, como la vitrina *Gigantes* de André Bretón en el Beaubourg de Les Halles de París.

Lo visitaba a menudo, porque ya era muy viejo. Los años noventa, las guerras del golfo Pérsico, la invasión de Kuwait por los americanos...: recuerdo cómo entonces, cuando el desorden de los bombardeos que salían de la radio cobraba virulencia, él abrió el armario y acarició, temblón y nostálgico, un mechón de cabellos de su amante parisina, el billete de metro de su primer viaje a Barcelona, el cráneo de una cabra montés baturra, un tintero sin tinta, varias pipas de diferentes diseños, una bala de revólver, una pistola de chispa de dos cañones de 1878 por lo menos, un fardacho disecado de vivos colores, un escarabajo pelotero flotando en un frasco de alcohol..., y, por fin, un frasquito con un polvo blanco que él decía que era cianuro. «Esto último es por si llaman a la puerta y no es el lechero», solía decir con retranca amarga.

—La respuesta que dio Churchill, cuando le preguntaron qué era la democracia.

—Eso fue, Ovidi. Mi padre se construyó una coraza invisible que lo aisló del mundo, y jamás vi a hombre más solo, pues había abandonado hacía ya tiempo el trato con sus amigos, algunos muertos. Cuando le recriminabas esta actitud, el hombre protestaba y decía que jamás estaba solo, sino rodeado de la cultura occidental. Descansaban sobre su cínica calva venerable hileras de libros que jamás leyó, pero que formaban un tapiz acogedor de sus anhelos y fantasías. Apeado de la velocidad del tiempo, mi padre fue para mí un enigma viviente, una generación perdida a la que le secuestraron el derecho a expresarse.

Algunos de sus amigos, pintores, poetas, abogados, medraron, mal que bien, tras los años del plomo, y sin embargo él se dedicó a fabricar su insólita literatura, que jamás ha salido ni saldrá de su cajón. Porque escribía sin parar. A mano y a máquina. Sus amigos eran todos comunistas; hasta Jorge Semprún llegó a estar en casa y me tuvo de bebé en los brazos. El cuñado de mi padre era un matemático del Comité Central del PCE, represaliado y sin pasaporte. Pero mi padre jamás se metió en el partido. Sus colegas militantes no se fiaban de él, según me confesó mi madre en una ocasión, tan solo porque era muy hablador y era difícil que guardara un secreto. Sí, como yo mismo. O como Agustín, marginado de la clandestinidad por ser demasiado auténtico y confiado.

Y claro, ahora comprendo mi obsesión. Desde niño escuchaba desde la cama, como una nana, el tableteo incesante de su Olivetti. Aseguraba que nunca buscó la fama ni el reconocimiento y que tan solo escribió «para aclararse a sí mismo». Cuando eso afirmaba, acariciando una sonata, no sé si era sincero o un fantástico simulador que escondía bajo su grueso batín una gran frustración. En los últimos tiempos ya no salía a la calle: para qué, decía; el mundo es una repetición.

4

El día que lo buscó la muerte estaba leyendo el diario y haciendo fuerza en el cuarto de baño. Lo cierto es que se fue al otro mundo cagando.

Ovidi se cabrea de tanto rollo.

—¿Pero a qué viene eso?

—¿No lo ves? Es la metáfora del armario acristalado de los objetos fetiche. Yo he abierto el armario y he intentado rebuscar, pero esta vez lo he encontrado vacío. No hay nada dentro. No hay tema. No hay historia. La memoria escapa como una odalisca juguetona que solo sabe inventar mentiras.

—Estoy escribiendo un texto titulado *La coqueta* —replica Ovidi— sobre lo que Jean-Paul Sartre llama la mala fe. Es un asunto que se relaciona con tu problema. El que elige no elegir y, claro, se bloquea. La culpa... Pero tú estás haciendo lo que los chamanes amazónicos denominan el Rito del Salto, un cambio de piel. Lo presiento. Tu ritual lo has hecho en la investigación de Teruel sin que te des cuenta. Y escribiendo sobre la memoria sentimental te descubres a ti mismo, y contemplas tus errores.

Los amigos se separan. Julián reflexiona. Pasea por su ciudad. Por sus lugares preferidos para pensar: el pretil del río, cerca de las torres de Serranos, donde iba de niño a la feria de los burros. Y las callejas del Carmen, sinuosas y cálidas. La Plaza Redonda; la calle de las Mantas, donde nació Sorolla...

La ciudad ha cambiado poco desde que saliera de ella hace unas semanas. Solo los encuentros con su amigo le hacen regresar a su mundo. En esta ocasión vuelven al bar proletario. Lo llaman así porque van allí los trabajadores que faenan en una zona exclusiva, muy para ricos: Poeta

Querol. Es un restaurante diminuto que sirve comidas a siete euros el menú en una calleja medieval junto a la iglesia del Patriarca, la del cocodrilo. Dos platos y postre. Siempre rodeados de gente que charla y de las mentiras de la televisión.

Ovidi ha aparecido esta vez vestido de hombre renacentista. Lleva una capa negra que se compró en Toledo y parece, con la camisa blanca con gorguera, un personaje del Greco.

—Tienes el síndrome de Jonás.

—¿Qué Jonás?

—El de la ballena. Es el miedo a triunfar. Un bloqueo habitual en creadores; a mí también me pasa.

—Vaya, ahora que lo dices me viene a las mientes una conversación que tuve con mi padre en el periodo en el que ya se preparaba para la muerte. Tenía unos ochenta y cinco años. De hecho, la esperaba con cierta ansiedad. Perdía sus capacidades y eso no le gustaba. Decía que tardaba demasiado. Ya quería irse de una vez. Tenía un miedo cerval a que su compañera de toda la vida se muriera antes que él. Mi madre se reía.

»Estaba sentado en su rincón de la biblioteca. Su casa era grande; había reducido su escenario cotidiano a la habitación del balcón que daba a la Gran Vía. Unos cuantos libros; una mesa de trabajo; el armario de los fetiches; un camastro bajo las baldas, como de camarote; fotos de caballos salvajes galopando por entre montañas pegadas a la pared.

»Sobre la mesita de noche, un viejo radiocasete y una pila de cintas con obras de Beethoven, Chopin y Mozart. No mucho más. Eran sus autores. Se las ponía durante las veinticuatro horas y mantenía encendido su casete mientras dormía. "En realidad, ya no duermo", decía, "o duermo poco". Entonces me confesó sus dudas sobre la vida. Me preguntó si había fracasado, murmurando como para sí mismo. Eso me preguntó. Lo dijo sin mirarme. Observando las hileras de sus libros preferidos. O las gallofas manuscritas de su puño y letra en horas interminables. Y en sus ojos había una gran tristeza, al mismo tiempo que una extraña paz mental. Comprendí que en realidad no le importaba el tema. Se sentía pleno por haber vivido. Había cerrado el ciclo.

Ovidi busca su paquete de cigarros americanos en los pliegues de su capa castellana. Enciende uno y, antes de hablar, lanza un gran chorro de humo.

—Sí. Tú todavía estas a tiempo.

—Desde ese momento y cuando me puse a escribir he tenido esa escena en la mente y me he recitado un mantra: no te puedes permitir el lujo de hacer como tu padre. De reflejar, en el fondo, una honda frustración por no haber concluido lo que habías empezado. Mi padre no tuvo ninguna oportunidad. Tenía veinte años cuando el fascismo se adueñó de su país. Era mucho más que un perdedor de la guerra, como él mismo decía. Era una catástrofe intelectual de grandes proporciones lo que le iba a quitar las ganas de coronar sus ambiciones creativas sin posibilidad alguna de difusión pública.

—El exilio interior. Creo que hay un libro...

—¿Qué hizo? Se encerró en su torre de marfil, como decía su mujer, y se empeñó en clasificar el pensamiento moderno;

la ilustración prohibida en la calle y en las imprentas. No se exilió, sino que se casó y tuvo hijos. Así que optó por escribir clandestinamente, para sí mismo y sus mejores amigos, las verdades que estaban prohibidas por los descerebrados que gobernaban el país. Escribía sus compendios y pensamientos con su Olivetti haciendo copias con papel carbón. Luego las repartía a sus íntimos.

—O sea, que si se hubiese ganado la guerra, tu viejo podría haber sido un periodista y escritor como tú. ¿Te das cuenta de que haciendo periodismo y escribiendo y publicando estás restituyendo la afrenta hecha a tu viejo y tantos como él?

—No hubo tantos. En realidad, muchos de sus amigos y otros intelectuales trataron de seguir como fuera. Es curioso que mi padre hablara tanto en los setenta de Vicent Ventura, un intelectual que se puso la camisa azul para poder seguir en el ajo y que luego se transformó en azote del régimen. Un tipo listo, como tantos otros que así pudieron ejercer su profesión, como Joan Fuster, un padre de la patria valenciana. Pero mi padre no era periodista. Su planteamiento era el del observador hedonista. Habría sido un gran aristócrata inglés.

»Su rollo era el pensamiento, la filosofía. Era una especie de enciclopedia ambulante que ligaba el marxismo con el cristianismo, y tenía auténtica fe en el progreso del género humano.

—Un librepensador. Un socialista.

—Sí, eso. Y un estoico. Sus mejores amigos eran comunistas. Además, mi padre no era un doctrinario. Se consideraba marxista, pero comunista ya era otro cantar. Y sus amigos le querían por su cultura y porque siempre fue un gran anfitrión, aunque no tuviese un duro. Tenía un anhelo mental y murió en paz. De viejo. Todo lo contrario que nuestra generación, muertos de alguna manera violenta.

»Te he traído un par de cuartillas para que las leas. Las encontré en la casa del pueblo aragonés donde nació mi madre y que todavía conservo. Allí me retiro en ocasiones y medito frente a los Montes Universales. Fueron todo un hallazgo, porque las creía perdidas para siempre. Una noche decidí hojear de nuevo *Crimen y castigo*, de Dostoyevski, en la misma edición que leí en la adolescencia y cuya lectura en una sola noche me marcó para siempre la vocación de *lletraferit*; y encontré las cuartillas. Es una carta que mi padre me escribió dos meses antes de morir. Una despedida, un adiós.

5

Julián entrega a su amigo dos cuartillas escritas a máquina, maltratadas por el tiempo. Ovidi las lee.

Enero de 1996

QUERIDO HIJO:

Sospecho que hay en mi larga vida algo que no he hecho, y pretendo sincerarme de la manera que ahora leerás.

Yo siempre he preferido la cultura al dinero porque mis necesidades las tenía resueltas desde el principio de mi vida y siempre he aspirado a más saber. Desde niño, mi máxima preferida ha sido *nulla dies sine linea*, que quiere decir aprender sin fin.

Mi ocio ha sido aprender, pero no ocio sin hacer nada, sino en el sentido clásico de «escuela»: la actividad en la que el hombre pone en ejercicio lo más noble de su vida; la creación artística e intelectual y la contemplación de la belleza y la VERDAD. He sido mal estudiante, pero muy estudioso, lleno de curiosidades y saberes de afanes diversos. He sido un hombre que no ha sabido cómo no perder el tiempo. He sido un caso indefinido, con un talante escéptico pero activo, siempre de vuelta de todo, lleno de memoria, nostalgia y melancolía.

Fui lo que quise y quise lo que fui. Mi vida ha sido una batalla contra el dogma y la irracionalidad. He sido un ángel exterminador «contra la vulgaridad», las modas, los convencionalismos y contra mis propios intereses. No pedía a la vida más que lo que esta pudiera darme; nunca me planteé metas ni grandes planes ni ambiciones, SOLO FUNDAMENTOS: amistad, conocimiento y crítica. Mi sentido del humor y mi capacidad dialéctica me han dado muy buenos amigos y muy buenos enemigos, pero eso no me importa, porque tengo una buena biblioteca y esos libros son mis mejores amigos. He tenido un toque anarquizante; a mis ochenta años y un poco más, lo considero ser fiel a mí mismo. ¿HE FRACASADO?

Ahí viene el asunto de mi carta.

No somos solo individuos, sino también impulsos socialmente manipulados y teledirigidos, más movidos y crecidos en la artificialidad, homogeneizados por la cultura en serie que imponen las sociedades de nuestro tiempo.

Los sistemas tienden a esquematizar la singularidad privada de los individuos privándolos de su especificidad psíquica; estamos cada vez menos confrontados a la responsabilidad personal. Huimos del compromiso afectivo personal para discurrir o decidir sobre los hechos de la vida. Aislamos los hechos y hundimos sus raíces en un naturalismo determinista decimonónico totalmente desechado.

¿Cuál es la cámara oscura de nuestra vida sensorial?

Aún estamos bajo el dualismo aristotélico-escolástico tradicional... ¿Qué hacéis vosotros, jóvenes?

Yo no he fracasado porque mi papel de padre ha sido educaros con una excelente mentalidad, liberal e inteligente, y no habéis sufrido la infancia de otros marginados, etc., etc.

Tú has sufrido la cultura de tu tiempo y hay que culparla a ella. Yo también la sufro CONTIGO y la asumo con todas sus consecuencias, porque sé que tú eres inteligente y no hay nada insalvable. NI siquiera la muerte, porque cuando te mueres, ya no estás allí.

Todo lo veo, todo lo temo, todo lo espero. Pero vivo con sentido del humor, con estoicismo y casi sin responsabilidad. Vivimos aterrorizados; ella por si yo me caigo. y yo por si se muere antes que yo. Un rey dijo: «Mi reino por un caballo»; yo digo: «Mi piso por una soga»...

Como verás, hay que sonreír. Afortunadamente, a mí ya me queda poco. ¿O no?

Tu padre que te quiere y espera que te salves,

Héctor

6

En su apartamento, Julián se bebe un vaso de leche y reflexiona sobre el fracaso de la búsqueda de las razones de Antonio en Teruel. La imposibilidad de continuar en un objetivo marcado que en realidad es anárquico y multidireccional no tiene una explicación posible. Es lo que es. Hay amigos de la generación de Julián que han desaparecido y que forman un tapiz de sensibilidades. Los hay que se están muriendo. Como el Anguila, que tenía un cáncer de hígado y hace poco supo que no podían hacerle un trasplante. Julián contestó al teléfono, pero su amigo colgó pronto, diciendo: «Estoy muy cansado, no puedo hablar». Tan solo dijo: «Oye, siempre te he querido». Fue algo sorprendente. Semanas después murió; tenía sesenta y cinco años.

Julián desea describir esa generación perdida que no alcanzó ningún poder porque en realidad no lo quería. Y vuelve a la banda de los setenta y su transformación al final del siglo. De cómo unos chicos rebeldes se convierten en cínicos aspirantes al poder. Y en cambio, en el otro lado, los mejores, los auténticos, se inclinan por la fantasía, el hedonismo cotidiano, la lucha contra el tiempo y el estado sensorial que proporciona el cannabis.

Una generación cannábica y cinéfila. Porque no había nada mejor en el mundo que irse al cine con los amigos a ver una buena película después de fumarse un porro. Ver *2001: Una odisea del espacio* en el cine Samoa fue todo un acontecimiento.

Y respecto a los años cincuenta y sesenta, Julián y sus amigos son como los chicos de Rossellini y De Sica, esperando en la pasarela sobre las vías de la estación del Norte la llegada de los trenes que con sus máquinas de vapor los cubrían y los hacían invisibles durante unos minutos. Era el final de los años sesenta y ellos iban con pantalones cortos y tirantes, como los niños franceses de la película *Los cuatrocientos golpes* o los italianos de *Amarcord*.

Julián se hace otro té en su apartamento y pone un disco de David Sylvian. Le recuerda los dos polvos de una breve relación con una muchacha pequeña y flaca: uno en el sofá de su casa; otro sobre el suelo de baldosas de la de ella.

Y vuelve al fracaso, al complejo de Jonás de Ovidi y a su miedo al triunfo. Sus amigos triunfaron después del intento del golpe de Estado de 1981. De la noche a la mañana se hicieron monárquicos y se metieron en el partido que iba a ganar las elecciones.

Seguían todos juntos. Leyendo los mismos libros y las mismas revistas. Y todos querían escribir en los periódicos. Julián recuerda por entonces cómo frecuentaban locales nocturnos donde se cocía la modernidad.

En su siguiente encuentro, Ovidi le dice:

—Tienes un problema también con Agustín. El que murió hace siete años en París. Siempre has pensado que él es el auténtico escritor, y tú tan solo una sombra.

Julián bebe su cerveza y piensa en la coincidencia entre el fracaso de su hermano escritor y el su padre. Don Héctor se pasó la vida escribiendo bajo un flexo en su casa sin ver publicada ni una línea. Pero tampoco lo intentó.

Agustín, el pícaro personaje de esta historia, el que se fue a buscar una nueva vida a París, era su hermano, su amigo querido, dos años más joven. Y murió antes de cumplir los sesenta años. Fue una muerte súbita por una enfermedad hepática, siguiendo la estela de sus viejos cómplices de correrías: Panero, Maenza...

—En realidad, lo que mi padre escribía era difícil de publicar. Máximas, breves pensamientos, sentencias... Listas de ideas y simplificaciones inteligentes de grandes filósofos. Darwin, Galileo, Marx, Einstein... Como una guía del conocimiento para jóvenes. Era un hombre de la República, de la Institución Libre de Enseñanza de Giner de los Ríos.

Agustín, en cambio, escribía novelas que luego trataba de vender a los grandes editores españoles. Escribió una y la paseó por Seix Barral, Anagrama y otras. La rechazaban. Un amigo periodista le consolaba diciéndole que lo suyo era una literatura de culto. Ejerció de reportero en su exilio de París. Luego lo dejó porque no le gustaba el nuevo diseño del diario.

Agustín había dejado de pintar hacía décadas. Era muy bueno, pero lo abandonó por la escritura. Fue una decisión tomada tras su costoso psicoanálisis parisino.

«Le dejo la escritura a mi hermano», escribió. Era creativo hasta decir basta; el autoritarismo de su padre abortó aquello. El viejo quería convertirlo en un Picasso y le forzaba demasiado. Con Julián hizo lo mismo. Fue incapaz de aficionarlo al piano. Don Héctor Chirivella tenía poco de maestro de escuela.

—Así que tu Agustín escribe libros y se pasa años sin publicarlos... Al final, muere prematuramente por una estupidez del hígado sin ver ninguna obra impresa. Igual esa melancolía, esa sensación de fracaso, bajaron sus defensas y propiciaron su final.

—Bueno, el editor Toni Moll le publicó *Trabajos forzados* en su breve colección «Leteradura», con una portada de Joan Cardells. Era un gran libro con sentencias al estilo nietzscheano, muy bello, donde el autor derrochaba talento; pero no pudo verlo, pues murió en París en 2011. Fue una triste obra póstuma. Que ha pasado desapercibida, como pasa con todos los malditos y rebeldes que protagonizan estas memorias. Está enterrado en el Père-Lachaise.

»Agustín y yo tuvimos una relación de competencia respecto al arte y la cultura; y, sobre todo, respecto a la escritura. No olvides que en los tiempos de la política yo me metí hasta las cejas, como un auténtico renacido, fanático, y él se alejó de eso. El suyo era un estilo pasoliniano al cien por cien, como el de su amigo de Teruel. Manteníamos una nutrida correspondencia entre París y Valencia, y yo le visitaba a menudo. Luego venía en los veranos, de manera clandestina, porque tenía una causa pendiente con la justicia y estaba huido de la mili, hasta que eso acabó y pudo recuperar su pasaporte legal.

7

—Así que no hay libro...

El joven editor es un hípster con una barba de santón hindú y vestido con unos colores que le asemejan a un gurú. Xavier Ripoll pronuncia la frase con la mirada puesta en las luces azules que centellean en la calle. Ambos se sientan en un despacho acristalado sobre la calle Dénia, en los límites del barrio chic de Russafa. En la calle, la policía local está haciendo un registro en un salón magrebí de té, de los pocos que quedan desde que el barrio se hizo pijo. Julián piensa que Ripoll parece un personaje de videojuego iluminado por *flashes* de azul cobalto y con las gafas con aspecto de binoculares de visión nocturna. La nave de la editorial Canibaal posee un aire neoyorquino, decorada con ladrillo visto y cristal.

Julián es viejo colega de Ripoll; empezaron juntos en el periodismo, pero a cada uno le fue diferente. Ripoll es ahora responsable de una vanguardista editorial y Julián sigue yendo por libre. Pero esta vez le ha fallado a Ripoll; le prometió el oro y el moro con el morbo de la muerte del cineasta en Teruel para un libro de tipo *thriller* y solo ha salido un cuento fallido. Trata de justificarse.

—No se puede contrastar ninguna fuente.

—Pues una pena, porque lo de tu amigo Antonio es calcadito al caso Pasolini. Tiene para una buena novela o una película. La historia de un artista, un hombre supercreador, y que muere en extrañas circunstancias. Y como en el caso

Pasolini, una de dos: o lo mataron los fascistas o lo acabó un maricón resabiado. Un viejo amante. Es un historión al estilo de Stephen King, como mínimo. Fue tu amigo, ¿no es cierto? Lo trataste mucho y, a pesar de todo, sigues en blanco después de patearte la España vacía.

Julián se incorpora de la silla, frente a la mesa de Ripoll, atestada de originales.

—Te diré algo: para mí sigue habiendo un caso Antonio, pero no el que imaginas. No el relato negro de un posible asesinato o suicidio, sino el personaje, el amigo, como homenaje a unos seres humanos que sucumbieron en plena Transición. Incapaces de incorporarse a una farsa intelectual. Demasiado auténticos, como esos santos herejes quemados por la Inquisición o esas brujas que no abjuraban y que toleraban el suplicio. Como la Hester Prynne de *La letra escarlata*, de Hawthorne. Hay una larga lista en esa historia y me implica. Haro Ibars, Leopoldo María Panero, Eduardo Hervás, Isa Tròlec o el mismo Agustín, mi hermano.

—No solo fue eso; está la heroína, porque de eso hubo entre los artistas. Aquí en Valencia hay casos de gente interesante que se enganchó y acabó muriendo.

—No. El caso Antonio se relaciona también con una especie de caza de brujas silenciosa de la ortodoxia marxista de la época. Mi libro, si lo escribo, quiere ser un ajuste de cuentas con un pasado comunista que comienza a incomodarme. No por comunista, que sigo en la utopía dichosa, sino por la manera en que lo hicimos. Un estalinismo de andar por casa, a la valenciana. Y lo que más me jode, amigo Ripoll, es que el mundo mira a otra parte. Los comunistas de aquella época están todos en el PSOE, y ahora aparece un remedo que es Podemos y que comienza a cagarla repitiendo viejos errores. Y los históricos, viendo el desfile desde la barrera. Los de IU, que no se atreven a sacar de nuevo la hoz y el martillo.

—¡De herejes! ¡Ja!

—No estoy para bromas, Xavi. Siempre fuiste un nacionalista catalanoparlante, eso marca; yo iba por la línea trotskista, es decir, internacionalista, y eso también deja huella.

Ripoll busca en un cajón y saca algo que se mete en la boca. Un caramelo de menta.

—Mantuviste siempre el nombre original y todos nosotros nos lo cambiamos al valenciano nada más nos dejaron. Hay una gran diferencia.

—Bueno, me enamoré de una mujer que me llama Julià, y ahora me gusta. Fue entonces cuando lo dejé. Aquello fue el desencanto, joder.

Julián abandona la editorial. La policía ha esposado a dos magrebíes que han tenido la desgracia de salir de la tetería en el momento que no tocaba. La fiesta azul se acaba en un sonido de sirena que se aleja y el estruendo de las decenas de garitos y terrazas del barrio vuelve a dominar el ambiente. Conoce bien el barrio. No solo nació en su frontera, sino que su primera escuela de la vida se fraguó en sus callejas. En el cine Ideal, que hacía esquina con la calle Sevilla; un local decrépito con aspecto de tren de la bruja o casa de feria, y donde se concentraba la chiquillería los fines de semana para ver sus tres películas.

Y había una librería de viejo que aún existe. El librero era como un ropavejero descuidado y alcohólico que acabó mal. Cayó fulminado una tarde en el bar del gallego mientras comíamos un bacalao frito con patatas cocidas y pimentón. Se llamaba Emilio y llevaba siempre una melena lisa, negra y grasienta que le tapaba las orejas como a un palafrenero medieval.

Camina por la calle Sevilla y mira el piso donde vivió una década, en pleno auge de su carrera periodística. Trabajando para varios medios a la vez y con su buzón de correos lleno de cosas interesantes. Y los polvos que pegó allí arriba. Aquello fue en los años ochenta, tiempo en que, mientras los de la pandilla se colocaban en los puestos de salida para los cargos políticos, él luchaba por hacer un buen trabajo. Pero aquel gremio de chupatintas le miró siempre con desconfianza, como a un advenedizo demasiado literario en su escritura, poco dado al espíritu de grupo, gremial y altanero, que siempre reinó en este oficio de figuras del espectáculo.

Cruza la Gran Vía Germanías, el lugar que lo vio nacer y que ahora es una pista asfaltada que nada tiene que ver con la gran vía frondosa de plátanos de aquel siglo pasado. Recuerda el cine Coliseum, modernista, el más grande de España, el que hacía chaflán con la calle Castellón; y también los juegos en los jardines con las criadas y los soldados americanos que venían en portaaviones de la VI Flota.

Más recuerdos: la bolera Erajoma, justo bajo la vieja editorial de Vicente Blasco Ibáñez, la editorial Prometeo. Y justo al lado del gran cine, una iglesia, Santa María Goretti (una virgen violada), habilitada donde estuviera la Casa del Pueblo en la Segunda República. La Gran Vía Germanías hizo honor a su nombre. El urbanismo franquista la destruyó con saña y construyó un túnel que tardó años en acabarse porque se inundaba el socavón. Un lago verde de agua estancada, con olor a musgo y ranas; fue una fiesta para la chiquillería y sus peleas a pedradas, sus arcas, mientras duró.

El primer cuento de Julián se tituló «El día que cortaron los árboles de la Gran Vía». Era una historia en la que se peleaba con su hermano por unas monedas, un lamento por la desaparición de aquella gran vía de infancia de que gozaban desde el amplio balcón de la casa de sus padres.

No le correspondía vivir en un piso en la Gran Vía, construido antes de la guerra por los arquitectos de la República. Su padre lo heredó de su abuelo, un alto funcionario de Aguas Potables, y la compañía se lo cedió en propiedad. Mi abuelo, que era el cajero de la empresa, cuando llegó desde Catarroja, se instaló en el primer piso de la lujosa y modernista finca de la propiedad de la compañía en la ya noble Gran Vía Marqués del Turia. Esas casas aún existen.

Julián regresa a su casa del Cabanyal, el último refugio después de tantos lugares repartidos por la ciudad de su vida. La que ama. Y piensa en la frase de Ripoll sobre la heroína al hablar de los amigos muertos; en las drogas siempre presentes en su vida y la última carta de su padre antes de morir, justificando la narcomanía de su generación. No podíais hacer otra cosa, escribió. Cada uno es hijo y víctima de su época. Su padre entendió a la perfección la trilogía: el mantra del sexo, las drogas y el *rock and roll*.

Julián pone un CD de Stephen Stills, el *Manassas*, uno de sus preferidos, para levantar el ánimo y recordar. Y, liándose un porro que ha comprado a unos argelinos de la calle Sevilla, piensa en los porqués. Por qué se ha pasado la vida fumando hierba desde que la descubrió y ligó su consumo al disfrute de lo grande y lo pequeño. Que la música del siglo XX ha tenido más importancia en nuestra sensibilidad de ciudadanos humanistas y conscientes es algo fuera de duda. Mucha más que los libros. Ni Borges ni Machado: nuestros santos padres literarios han sido oscurecidos, han resistido la revuelta sensual de la fiesta y la ambigüedad sexual; el *boom* latino fue un invento editorial para niños soñadores. Se tapó a Poe; a Chandler, Hammett y McCoy, con sus *thrillers*; también a Bierce, a Cioran, a Vian, a Bataille, a Sade, a Quevedo, a Steinbeck. Se glorificó, en cambio, a Malraux, a Gide, a Hemingway, a Proust. Se tapó a Shostakóvich, y por descontado se taparon las músicas del sur: África, América, Oriente. El imperialismo mental de Occidente ha sido letal para una comprensión global del mundo; ha separado a los pueblos en lugar de unirlos. Europa es un ejemplo sangrante: se ha montado sin Rusia. América, lo mismo: se ha forjado sin México, llamando *pringaos* a sus habitantes. El abismo mediterráneo es grave. Desde el Imperio romano y su lucha contra los cartagineses, África existe para los europeos tan solo para el saqueo, que continúa. Filósofos lúcidos que hablaron del planeta Tierra como una nave donde cabemos todos, como Pániker, fueron ninguneados. Y sin embargo, todos los pueblos están en nuestra casa, segregados, pero necesarios: chinos, paquistaníes, latinos, mano de obra barata. El esclavismo moderno continúa bajo otros parámetros. Oculto en salarios de miseria y tráfico de seres humanos; ejercido por el racismo y la violencia estatal encarnada en sus policías y guardias fronterizos. Los medios controlados por magnates capitalistas siguen las enseñanzas del viejo Hearst, aquel que ponía las guerras, sin despeinarse, como la de Cuba. Y la izquierda recula porque defiende sin quererlo los mismos valores que la burguesía que nació en 1789. En otras palabras, estamos jodidos, y mucho peor que en los tiempos de Pericles, de Heráclito o de Platón. Ahora filosofan los brujos tecnológicos.

El cannabis formó parte de la visión del mundo de Julián, piensa ahora, y quizás hizo que él y sus iguales fueran más lentos, más perezosos y menos esforzados a la hora de afrontar los grandes sacrificios que se necesitan para triunfar en la vida. Vuelve a pensar en Ovidi y su complejo de Jonás. ¿Y para qué triunfar? Por encima de los demás, no; con los demás. Manteniendo un espíritu de solidaridad y amor por el desapego, el placer y la contemplación y disfrute de la naturaleza. Y la igualdad con las mujeres, que no sea de boquilla. Todos y cada uno de los principios jipis de los setenta fueron traicionados, y ahora, en un mundo de violencia, vuelve la vieja filosofía marcusiana contra el consumo. El hombre unidimensional.

Nos llamaban *fumetas*, piensa, pero nunca entendió por qué esa palabra despectiva. Fumando un porro y bajo sus efectos, uno puede entrar con mucha mayor intensidad en el universo de una novela o en la visión de la pintura. En las antiguas noches de anfetamina y rosas, en el apartamento del viejo suicidado Edi, Julián se pasaba las horas contemplando catálogos de pintura renacentista o abstracta, tras haberse colocado con buena hierba paisana.

8

Los últimos encuentros con Ovidi se celebran en el Hotel Inglés. Su amigo ha decidido relacionarse con la vecindad y ha alquilado un lujoso piso en la plaza de la Universidad. El hotel se ubica en un chaflán frente al edificio barroco del palacio del Marqués de Dos Aguas. En la terraza con sombrillas del hotel, Ovidi trata de llegar al corazón de alguna señora rica de las que frecuentan la terraza para beber sus cócteles. Es un remedo del personaje de *Plegarias atendidas*, de Capote. La historia de un *gigolo* que se busca la vida entre Nueva York y París. Al pintoresco Ovidi lo ha admitido la clase alta de la Milla de Oro. Julián y Ovidi se han pedido güisquis con agua y unas aceitunas. El filósofo rompe el silencio.

—La mayoría no tiene mucha idea de nada. El director del hotel, que parece salido de una novela de balneario de

Thomas Mann, es un tipo muy fino pero ignorante; el andoba me escucha embobado cuando hablo del complejo de culpa. Solo hay dos damas que leen de verdad y lucen cultas.

—Oye, Ovidi, le he estado dando vueltas al asunto del libro, que podría ser de tono generacional. Me obsesionan Pier Paolo Pasolini y Antonio. A fin de cuentas, al gran italiano lo asesinaron cuatro años antes, en el verano de 1975. Y tenían tantas cosas en común... Me desazona el porqué de esa influencia tan grande de la vida y la obra de Pasolini sobre nosotros. Como Lorca. Son iconos entrañables, hermanos mayores que nos enseñaron el camino de la disipación, de la belleza sin tapujos y de la sexualidad.

Ovidi recuerda que los dos eran homosexuales, y de ahí esa hipersensibilidad y esa capacidad de provocación, como en el caso de Wilde; una desvergüenza y una valentía que se pagan muy duro en sociedades como las nuestras, dominadas por el moralismo judeocristiano. Julián se entusiasma y le dice que ha dado en el clavo.

Se sientan en la terraza varias señoras con vestidos y complementos que valen dos meses de trabajo de Julián. Sonrientes y ruidosas, saludan efusivas a su amigo. Este mira a su colega y le cuca un ojo como diciendo: ¿lo ves?

—Las señoras tomarán lo de siempre.

Ha aparecido de la nada un camarero de impecable negro, fino como un lápiz, salido de una película de Visconti. El contraste de su figura con los mármoles y relieves rosados de la puerta del palacio le hace parecer un figurante demasiado realista en un plató de cine. Llegan un par de tipos con pantalones cortos y pulóvers de la marca del cocodrilo y se sientan a su vez. Parecen delegados bancarios de vacaciones, a punto de sacar esa noche el BMW y largarse a sus chalets de Denia.

—Este palacio de Dos Aguas es uno de los iconos de la ciudad, y está bien porque su churrigueresco estilo, el barroquismo que roza el mal gusto, su recarga de elementos, define a la perfección el carácter local. La pretendida cultura valenciana que, procedente de la riqueza, rodea la ciudad se convierte en pretenciosos edificios cuyo objetivo es realzar el poder del dinero. —El gusto del tendero acaba con una sonrisa diabólica.

Los hombres le miran con estupor. Ellas aplauden divertidas.

Julián se harta.

—Me voy al Parque. Ya nos veremos. Encantado.

9

Y sale pitando de allí. Se interna en la calle de la Nave; ha pasado por la iglesia del cocodrilo, lugar al que su padre le llevaba desde muy niño a contemplar el pequeño caimán disecado que se agarra a la pared de la entrada del templo. Le contaba la historia del guerrero santo que mató al monstruo que asolaba a los arroceros de la Albufera; nadie podía con él. Entonces el guerrero santo mostró un espejo a la bestia y el reptil, al verse tan horripilante, murió del susto. A Julián le encantaba esta historia. Luego su padre le compraba una panocha asada en el quiosco del Parterre. El Parque.

Y Julián entra en el jardín de Jaume I, pero no como cualquier día. Medio siglo después. Cincuenta años, más o menos, han pasado desde aquellos tiempos de la estación términus de Katmandú e Ibiza. Del viejo jardín y sus protagonistas.

Se sienta en uno de los bancos alargados de frío granito con respaldo de hierro, decimonónicos, que rodean el parque, frente a la librería París-Valencia, y evoca las noches de medio siglo atrás. En la adolescencia lejana. Y observa la entrada de la calle de la Nave. Recuerda la escena de la buhardilla con el pintor; la ocasión en que Miquel se le insinuó y él negó tres veces, con rabia.

¿Qué hubiese pasado si en aquella ocasión se hubiese acostado con él? ¿Acaso su vida habría sido diferente? Más fructífera. Barrunta taciturno, mientras se encienden las luces de El Corte Inglés cercano, el porqué de aquel miedo al deseo homosexual. Han pasado las décadas y el colosal magnolio sigue allí, y seguirá cuando él desaparezca.

Anochece en el parque y el sesentón que recuerda comienza a ver un desfile de ánimas en pena, como de un cuento vasco de Baroja. Y a Pilar, la chica a la que llamaron Lennon, su bella novia de ojos gatunos. Se enamoraron después de ver la película *Isadora*, de Karel Reisz, de 1968. Los impactó bastante; ella aparecía saltando como la Duncan y él se sentía el poeta Esenin. Antes tuvo otro amor, Soledad, a la que llamó Mick, por sus labios carnosos, los primeros que besó de verdad; y el Anguila, el joven que andaba descalzo con su anguila viva; y Tico, su mejor amigo del instituto. Los va a convertir en personajes de su libro.

Meter mano a las novietas bajo los pinos. Era cuando Rony, el caraqueño vacilón, les enseñó a fumar la marihuana y a ser un tío con la novia más hermosa del grupo. Lánguida y angelical, salida de un cuadro de Miguel Ángel, era una valenciana de pelo lacio y mirada de cordera degollada que se tumbaba sobre el césped, como una odalisca a la espera de órdenes; y Rony llevaba unos Levi's bien apretados al paquete, como un chulo narco de pura cepa.

Rony era un niño bien; su familia vivía en un suntuoso piso de la Gran Vía Marqués del Turia, con vistas a la Alameda y al río. Allí el venezolano organizaba sus fiestas. Alcohol y porros.

El segundo acto de las visiones alucinadas de esa noche en el Parque consiste en la aparición de Edi y Antonio, con sus abrigos de pieles, y sus personajes vampíricos de Madrid y Barcelona que traen la modernidad. Leopoldo María Panero entre ellos. Que hacen que Julián descubra a Baudelaire: *Las flores del mal* y *Los paraísos artificiales*. El gran poeta precursor muere a los cuarenta y cinco años, joven, como sus amigos la Bola y Maenza.

Tantas preguntas sin respuesta... También rechazó Julián a Edi, aunque en este caso no hubo ni siquiera insinuación por su parte. Solo arte y literatura, cine y música y drogas. ¿Condenaron a Edi los comunistas por su condición de homosexual? ¿Asesinaron a Antonio los fachas sin que a nadie le importara un comino? No hay respuestas. Solo el regusto amargo de una juventud perdida para siempre.

Epílogo

«You Can't Always Get What You Want», el título de una canción de los Stones. No puedes conseguir siempre lo que deseas, amigo, tan cierto como que estoy aquí y ahora escribiendo sobre las cenizas de la vanguardia. Si me planteo, después de todo lo contado en diversas formas, aquello que nos entusiasmó a muchos, la conclusión es rotunda: todo se ha esfumado. Las aspiraciones de la generación jipi quedaron enterradas por la filosofía de lo políticamente correcto y la complejidad de nuestras propuestas, que en realidad no eran más que sencillez en las ganas de vivir, y se han convertido en una sucesión de eslóganes con aires de publicidad para jóvenes.

El sexo, la política, la música y las drogas marcaron nuestra visión del futuro. Medio siglo después, las cosas han dado un vuelco espectacular, y no diré que nuestros principios hayan sido olvidados. En la realidad los valores de la contracultura, la disidencia y la protesta ante el sistema van tomando cuerpo en la conciencia de la gente, si bien son atacados, como antes, sin piedad por lo que podríamos llamar las fuerzas del mal; de la reacción del sistema, que se opone a cualquier cambio.

Sentado de nuevo ante el tótem de mi escritorio, rodeado de recuerdos e imágenes que sugieren la vida, no puedo hablar de frustración, sino de cansancio. Ahora soy consciente de que la única salvación está en la escritura, sí, en abstracto. Ni en diarios ni en novelas: escribir como pensar o alimentarse. Décadas de periodismo callejero son ahora el material con el que se ha fraguado mi manera de ser.

Confieso que me hice periodista para poder escribir. Mentores del oficio, aquellos que a regañadientes me dieron entrada en el negocio —porque este oficio es gremial, cerrado, y en general bastante anticultural—, esos que me permitieron publicar, me advertían más tarde que yo no era periodista: era un escritor de periódicos, que no es lo mismo.

Un escritor. Pero durante décadas me he agarrado al oficio para sobrevivir. Ganar el dinero necesario para la independencia personal que todo el mundo ha de disfrutar para poder abrirse paso en la vida. Y, sin embargo, sin la ambición necesaria para un triunfo completo, he visto pasar los años, mejorando mi estilo, gracias a la incesante lectura, pero ajeno por completo al negocio de la promoción y de las relaciones estrechas entre el periodismo y la política.

La memoria es engañosa y dolorosa, como escribí al principio de este libro. «Maldita memoria», me dijo hace poco en WhatsApp un amigo, Frankie, cuando le pregunté por algo del pasado y no se acordaba. Pero pocas cosas importantes y decisivas he olvidado. Mis viajes, por ejemplo. No he dejado de mover el culo desde que empecé a trabajar en este asunto de la escritura. Casi siempre me equivocaba, porque para conseguir un buen estatus no hay que dejar de pegar martillazos al mismo clavo. Mi especialidad en ese terreno es dejar las cosas a medias y lanzarme a aventuras inciertas en otras latitudes. «Yo ocupé sucesivamente todas las posiciones extremas, pero no me mantuve en ellas; la vida me hizo resbalar siempre», dice Adriano, el emperador, en el famoso libro de Yourcenar que releo con placer. A fin de cuentas, esto son unas memorias.

Esta es la historia de un fracaso. El de una generación que quiso conquistar el cielo pero se hundió en el infierno. Al menos una gran parte de ella, porque todos aquellos que se plantearon el deseo y el placer como motor de cambio se sumergieron en el piélago engañoso de las drogas, en especial la heroína, que vino como anillo al dedo para aplacar las ansias de transformación radical de una sociedad contaminada por varias décadas, si no centurias, de integrismo, ignorancia, beatería y violencia fascista.

Y, con todo, acabando este texto encuentro un magnífico párrafo de Joseph Conrad al inicio de su relato fantástico, *La posada de las dos brujas*. Un hallazgo. Dice que a partir de los sesenta años llega «la edad tranquila; la partida puede darse por terminada; y manteniéndonos al margen empezamos a recordar con cierta viveza qué estupendo tipo era uno».

¿No es ese Julián en este libro? Conrad sigue: «Hasta en sus fracasos encuentran un encanto singular. Y desde luego, las esperanzas del futuro son una buena compañía, formas exquisitas, fascinantes si quieren, pero —por así decirlo— desnudas, para ser adornadas a nuestro antojo.» Y el escritor culmina: «Las vestiduras fascinantes son, por fortuna, propiedad del inmutable pasado, que sin ellas estaría acurrucado y tembloroso en las sombras.» Así yo, al final de este viaje por el tiempo.

Decir que todos los males de este país vienen de los Reyes Católicos es ya un lugar común de los historiadores radicales. Nos fue imposible luchar contra el integrismo cristiano que dominaba nuestra sexualidad, obligados por unas madres criadas por el funesto nacionalcatolicismo de los años cuarenta, con sus peinetas y mantillas, sus refajos y el recuerdo playero de *la moral*, que las hacía bañarse casi vestidas. Esas buenas madres, a pesar de estar casadas con viejos liberales, insistieron en el contacto con la Iglesia y sus diabólicos curas, que nos manoseaban en los confesionarios. Para las mujeres era distinto, porque se confesaban en los lados enrejados de esa caja de tortura que era el confesionario. Para nosotros los niños era bien distinto, pues nos arrodillábamos delante del cura de turno.

En mi caso, el curita que me confesaba en la iglesia de Santa María Goretti, de la Gran Vía Germanías, estrujaba mi mano con su garra sudada y blanda mientras preguntaba sobre los actos impuros. No entraba en detalles porque no era pederasta, ni siquiera como el cura de Fellini en *Amarcord*, cuando preguntaba: «Ti tocchi?» Era un mal trago; de ahí que, años después, liberados en la adolescencia rebelde de ese yugo clerical, comenzara la revuelta contra todo lo establecido.

Nuestra anomia personal, nuestro desorden, no era otra cosa que el combate sin piedad contra la familia y el matrimonio. Leímos *El cuestionamiento de la familia* de Laing y otros libros que nos calentaron los cascos. Abandonamos los hogares en pugna abierta contra la autoridad paterna. O eran los mismos padres los que nos echaban de casa, porque aquellos eran tiempos de tragedias lorquianas; y gracias a ellas se evitaba la peste de la violencia doméstica de nuestros días, en los que para mantener a la familia unida se cometen en su seno las mayores maldades y sevicias.

La lucha contra la familia y el matrimonio también fracasó de lleno. Se disolvió como un azucarillo en el café con leche. Muchos de nosotros, tan radicales y subversivos, tragamos el casarnos por la Iglesia no solo para complacer a los padres, o porque no había otra forma legal de casarse, sino con la aviesa intención de beneficiarnos de las prebendas económicas que el matrimonio proporcionaba. Muchos de mis colegas rojos y subversivos se casaron con niñas bien, las pijas de los colegios de monjas. Fue una contradicción, pero tenía su lógica.

Aquellos que hicimos de la lucha política contra la dictadura una devoción casi religiosa la abandonamos sin reparos, y dejamos libre el terreno a los oportunistas. La izquierda comunista se disolvió en la socialdemocracia socialista; regresaron las corbatas, y las melenas fueron ya cosa del pasado: se cambiaron por las coletas.

Todos los elementos de subversión gestados en 1968 fueron absorbidos por el nuevo sistema de libertad sin ira, que escondía el pasado para poder vivir con cierta comodidad el presente.

La autenticidad del *rock and roll* y el *blues* de los años setenta se transformó en la horterada de la ruta del bakalao, sobre todo en un País Valenciano que perdió la famosa batalla de Valencia, convertido de la noche a la mañana en Comunidad y enfrentado a su hermano natural que era el Principat.

Casi nadie emigró a la Barcelona de Moix, Montalbán o Sisa. Todo el mundo se fue al Madrid de la movida. Al *Madrid Me Mata* y al cinismo lírico de cantantes y cineastas pop como Sabina y Almodóvar. Otros aplicaron los ritmos roqueros anglosajones a sus composiciones en castellano. Nunca me gustó el rock indígena, ni siquiera los Bravos. Como mucho los Pekenikes en su momento, y ciertas bandas de algún que otro maldito: el legendario Toni Pep trajo a la ciudad en su mejor momento a Aviador Dro, Siniestro Total y una Alaska que no era la estrella de la prensa rosa que es ahora.

Lo increíble del asunto es que muchos de aquellos jóvenes rebeldes continúan en el negocio recorriendo el país en verano en los grandes conciertos, con sus años a cuestas. Sin vergüenza alguna, siguiendo los pasos infumables de los Stones, que, ya convertidos en momias millonarias, explotan el pasado.

En esta antimemoria se han dejado muchas cosas en el tintero. Y sin embargo, hay mil historias que dejan la boca abierta. Cuando se están acabando de escribir estas líneas, me entero de la noticia de que la Paca cierra para siempre Los Gestalguinos, en el barrio de Xerea. Con todo, el local se reabre con una nueva generación.

Hay un único local legendario que permanece en pie: el Christopher Bar Lee, en la calle Pinzón. Estuve de visita hablando con el dueño el otro día y tuvo la amabilidad de enseñarme el local. Estaba exactamente igual que hace medio siglo. En otros casos, muchos de los protagonistas de esta historia han renegado de su pasado de manera radical.

La Lennon me contó hace poco que uno de los personajes esenciales en la tragedia lorquiana del suicidio del *maître du plaisir*, la Bola, negó tres veces conocer a Hervás y con cara asustada le sugirió que lo estaba confundiendo con otro; y ese hombre, que ahora es sexagenario, como el que esto escribe, fue amigo mío y de Eduardo, y disfrutó de nuestras correrías del siglo pasado. Ahora lo niega, y es todo un síntoma de lo que pasó. Yo nunca estuve allí. Soy otro.

Yo también me he alejado del pasado. No escucho casi nunca a mis ídolos del *blues* y el *rock* y me dedico a escuchar música clásica a todas horas del día. He abandonado el consumo de drogas, incluida la nicotina. No bebo, no fumo, y del sexo mejor no hablar. Pero mi soledad es la del océano. Es grandiosa y fructífera, y me he acostumbrado a convertir la tristeza en materia productiva. Lo que más hago es leer: sin descanso. De manera compulsiva, como un Quijote futurista. Devoro kilos de papel de novela negra, historia, biografías...; hace mucho tiempo que dejé de leer cómics. Y el cine también sigue teniendo un lugar en mi vida. Pero pese a todo, ahí sigue mi anomia. Y, por encima de todo, sigo escribiendo. Y una evocación.

Julián está sentado en un rincón del *pub* Anomia de Les Tendetes, bebiendo cerveza con granadina y escuchando a los Lovin' Spoonful; pegadita a él, su compañera Lola luce una falda estampada de flores hasta los tobillos y una cinta que le rodea la larga melena. Yo también llevo el pelo largo. Fumamos un porro de maría paisana, traída de Bellreguard, porque en ese siglo todavía se fuma en los bares. Es el año 1972 y Julián tiene veinte años; no se ha casado ni ha hecho la mili. A Anomia van los utópicos, los apocalípticos, los auténticos hijos del caos capitalista que se avecina y dominará lo que queda del siglo y el siguiente. Pero Julián y Lola, su compañera, son felices mientras observan colocados las viñetas de Roland Topor, surrealistas y sugerentes, que coronan la barra donde oficia Nacho. Es una evocación tan grata en estos momentos que el olor a maría se mezcla con el del pachuli y la colonia de los cabellos de Lola. La guitarra de John Lee Hooker ha dado paso al *Band of Gypsys* de Hendrix.

Ahora, consciente de que la felicidad es una quimera, que lo narrado fue barrido por el tiempo, como polvo en una tarde de tormenta, compruebo con placer, pese a que ya no existe Anomia y que Nacho está criando malvas junto a Agustín y Maenza y Hervás y los demás, que sigo vivo sobre la tierra. Sin esperar nada. Pegado a la contemplación. Y la heterodoxia, la obsesión, la travesura, el recuerdo de mis amigos muertos no se apaga, arde en mi corazón y sigue alimentando un fuego perfecto.

Primera edición de la obra *Anomia. Rebeldes valencianos en 1970*,
de Abelardo Muñoz, en la colección «Debats», de la Institució Alfons
el Magnànim, con una tirada de quinientos ejemplares, compuesta
por Quinto A Estudio Gráfico e impresa por Gráficas Marí Montañana
el mes de julio de 2024.

De la edición y la publicación de esta obra se ha encargado el equipo editorial
del Magnànim: Altea Tamarit, *jefa de difusión*; Ana Serrano, *difusión*;
Clara Berenguer, *jefa de publicaciones*; Cristina González, *jefa de administración*;
Daniel Gómez, *edición*; Enric Estrela, *director*; Hugo Valverde, *difusión*;
José Martínez, *edición*; Josep Cerdà, *edición*; Julio Hervás, *distribución*;
Luis Solsona, *distribución*; María José Villalba, *administración*; Maryluz Ivorra,
edición; Robert Martínez, *edición*; Toni Pedrós, *edición*, & Xavier Agustí, *edición*.